川端康成传

张恩辉◎著

时代文艺出版社

图书在版编目（CIP）数据

川端康成传 / 张恩辉著 . —2 版 . —长春：时代文艺出版社，2016.4（2021.5重印）

ISBN 978-7-5387-5111-6

Ⅰ . ①川… Ⅱ . ①张… Ⅲ . ①川端康成（1899～1972）－传记 Ⅳ . ①K833.135.6

中国版本图书馆CIP数据核字（2016）第001699号

出 品 人　陈　琛
责任编辑　孟　婧
助理编辑　史　航
装帧设计　孙　利
排版制作　隋淑凤

川端康成传

张恩辉　著

出版发行 / 时代文艺出版社
地址 / 长春市福祉大路5788号　龙腾国际大厦A座15层　邮编 / 130118
总编办 / 0431-81629751　发行部 / 0431-81629755
官方微博 / weibo.com / tlapress　天猫旗舰店 / sdwycbsgf.tmall.com
印刷 / 保定市铭泰达印刷有限公司
开本 / 710mm×1000mm　1 / 16　字数 / 150千字　印张 / 12
版次 / 2016年4月第2版　印次 / 2021年5月第2次印刷　定价 / 39.80元

授 奖 辞

Award-winning Remarks

以非凡的敏锐，表现了日本人的精神实质。

——诺贝尔奖委员会

目录

　　在整个约一千三百年的日本文学史上，出现的作家及作品不可胜数，日本文学保持自己的独立性、创造性、本土性，取得丰硕成果。在日本古代文学史上，产生了多种文学形式，如草纸文学、物语文学、日本日记随笔文学、日本谣曲、狂言、和歌、俳句、汉诗文等等，即便如此，日本在古代文学方面的成就仍然不够突出——因其没有形成完整、独立的文学体系，在一定程度上限制了文学的进一步发展，然而它对世界文学发展做出的贡献却是不可忽视的。到了近代，日本产生了启蒙文学，在其影响下，此后的几十年内形成了诸多文学流派，如明星派、白桦派、新思潮派、新感觉派、新兴艺术派、自然主义文学等流派，呈现出百家争鸣的局面。其中一支最著名的派别是新感觉派，新感觉派的代表人物之一便是川端康成。

川端康成（1899年6月14日—1972年4月16日），日本新感觉派代表作家，著名小说家。1899年6月14日出生于大阪市北区。幼年时父母双亡，之后祖父母和姐姐又相继病故，他一生漂泊无依，心情苦闷忧郁，久而久之，形成了易感伤与孤僻的性格，这种内心的痛苦和悲哀奠定了川端康成的文学基调。1920年秋，在东京大学国文专业学习的川端康成，参与了《新思潮》杂志的第六次复刊。1924年3月于东京帝国大学毕业后，于同年7月与横光利一等创办《文艺时代》杂志，之后成为由此而诞生的新感觉派的核心人物之一。新感觉派衰靡之后，参加新兴艺术派和新心理主义文学运动，一生中创作小说一百多篇，长篇少于中短篇。作品富于抒情性，追求人性的升华之美，作品中留下了深刻的佛教思想和虚无主义的烙印。早期作品多以下层女性作为小说的中心，写她们的纯洁与不幸遭遇。后期的一些作品写变态情爱心理，以其纯熟的手法，使作品浑然天成。

成名作小说《伊豆的舞女》（1926年），名作《雪国》（1935年—1937年）。其他作品还有《浅草红团》（1929年—1930年）、《水晶幻想》（1931年）、《千只鹤》（1949年—1951年）、《山之音》（1949年—1954年）和《古都》（1961年—1962年）等。

川端康成担任过国际笔会副会长、日本笔会会长等职务。1957年被选为日本艺术院会员。曾获日本政府的文化勋章、法国政府的文化艺术勋章等诸多荣誉。"以非凡的锐敏表现了日本人的精神实质"，于1968年获诺贝尔文学奖。已有多部作品在中国翻译出版。在荣获诺贝尔文学奖3年之后，1972年4月16日，川端康成突然采取含煤气管自杀的方式离开了人世，生前未留下只字遗书。

归纳来说，川端文学的成功主要表现在以下三个方面：一是传统文化精神与现代意识的融合，表现了人文理想主义精神、现代人的理智和感觉，同时导入深层心理的分析，融会贯通日本式的写实主义和东方式的精神主义。二是传统的自然描写与现代的心理刻画的融合，运用弗洛伊德的精神分析法和乔伊斯的意识流，深入挖掘人物的内心世界，又把自身与自然合一，把自然切入人物的意识流中，起到了"融合物我"的作用，从而表现了假托在自然之上的人物感情世界。三是传统的工整性与意识流的飞跃性的融合，根据现代的深层心理学原理，扩大联想与回忆的范围，同时用传统的坚实、严谨和工整的结构加以制约，使两者保持和谐。这三者的融合使传统更加深化，从而形成其文学的基本特征。

对于川端康成文学特点及其成就的总结，与他保持亦师亦友关系的三岛由纪夫说："生于日本的艺术家，被迫对日本文化不断地进行批判，从东西方文化的混淆中理清真正属于自己风土和本能的东西，只有在这方面取得切实成果的人才是成功的。当然，由于我们是日本人，我们所创造的艺术形象，越是贴近日本，成功的可能性越大。这不能单纯地用回归日本、回归东洋来说明，因为这与每个作家的本能和禀赋有关。凡是想贴近西洋的，大多不能取得成功。《睡美人》体现了川端康成一贯的美学思想，即寻求‘美’，‘歌颂东方古典的虚幻’，可是‘美’却无法接近。"

从本质而言，日本的传统美是川端文学的根基，而他对西方现代主义文学的借鉴和吸收，不仅没有冲淡其对传统美的执着追求，相反使他的探索更为深入，并使传统之美焕发出新的光彩。因此，本文在前人研究的基础上，从川端文学的本质入手，力求深入挖掘川端康成传统审美意识的形成根源，进而以其著作为依托，探讨川端文学对传统美的继承与开拓。川端康成以追求西方新思潮为开始，到回归传统，在东西方文化结合的坐标轴上找到属于自己的位置，找到了运用本民族的审美习惯与独特的审美视角，挖掘日本文化最深层次的东西和西方文化最广泛的东西，并使之结合，形成了川端康成独有的文学之美。也就是说，他适时地把握了西方文学的现代意识和技巧，同时又对日本传统的价值和现代化的意义进行了重估，调节了传统与现代的纷繁复杂的关系，使之从对立走向协调与融合，从而使川端康成的文学既具有特殊性、民族性，同时又具有普遍性和世界性的意义。川端康成这种创造性的影响超出了日本的范围，也不仅限于艺术方面，这一点对促进人们重新审视东方文化具有重要的意义和启示性。可以说，他为日本文学的发展，为东西方文学的交流与融合，做出了自己应有的贡献。

第一章　悲惨羸弱的少年

1. 悲哀的身世

日本是个美丽的樱花国度。大阪府是日本国一级行政区里二府的其中之一，其古名为"难波"（なにわ，也写作浪花或浪速），大阪位于日本的中西部、近畿地方的中央。大阪既是日本现代都市的代表，又是座历史古城，比邻古都奈良和京都，拥有1400年的历史。自6世纪起，大阪便作为日本政治和经济的中心开始得到繁荣发展。现在的大阪港的前身——难波港曾是韩国、中国等亚洲其他国家人士访问古代日本的一大门户。在这里，亚洲各地的先进的文化知识、手工艺品，以及制陶、锻造、建筑及工程方面的新技术得到传播。同时，伴随着佛教的传播，圣德王子于公元593年在大阪兴建了四天王寺，成了与亚洲其他国家开展国际交流的基地。公元645年，孝德天皇将首都从奈良的飞鸟迁至大阪。他建造了一座名叫"难波宫"的宫殿，是日本现存的最古老的宫殿。

公元794年，日本首都迁至平安京(京都)，平安时代由此开始。室町时代后期(1336-1573)，一个叫织田信长的势力强大的武士看中了大阪的上町台地，因为它既坚不可摧又可将周围的景致尽收眼底。这里既有大和川和淀川提供的充足水源，又有着国际交流的悠久历史。当时人们深信：占领这块土地即意味着征服全日本乃至全世界。后来，名叫"丰臣秀吉"的名将继承了织田信长的事业，立足于他在大阪的基地，统一了全日本，并在安土桃山时代(1574年—1600年)，于1583年建造了大阪城。

随着日本进入江户时代(1601年—1867年)，政治中心移到了江户(现在的东京)。虽然幕府采取了闭关锁国的政策，但大阪却从内战后的废墟中重新站了起来，并很快地发展成为一个繁荣的经济中心。大阪、京都、奈良三大城市互为犄角的关西，是古代日本的政治、经济与文化中心。自公元8世纪起建都奈良，公元794年建都京都，建立了平安王朝。此后，几经历史的变迁，直至1868年明治维新，关西一直是政治、经济、文化中心。这段时期，这里产生了《古今和歌集》、《源氏物语》、《枕草子》等古典名著，诞生了不少杰出的文学家。现代著名作家川端康成就诞生于大阪。

川端康成祖籍位于大阪府三岛郡丰川村大字宿久庄，即现在的茨木市大字宿久庄，位于大阪和京都之间，在地理上接近京都，相距十余里。所以川端康成认为"京都是日本的故乡，也是我的故乡"，"把京都王朝文学作为'摇篮'的同时，也把京都自然的绿韵当作哺育自己的'摇篮'"，也可以说，京都是川端康成的第二故乡。

川端康成的祖父三八郎青年时代从事过种植茶叶、制造洋粉等行业，但都破产了。1885年前后，由于迷信，他修盖房屋时，将房屋反复拆盖，如此，便欠下一笔不小的债务。就这样，借了新债还旧债，不得不将祖上遗留下来的房产与地产典当还债。第二年又以非常低廉的价格，把这些房地产变卖精光，还将所剩无几的财产交给了当地的一个酿酒商，算是还了债务。只剩下三间小屋，一间佛堂和九亩多田地。

为了维持生计，精通汉医的三八郎便在村里行医施药，悬壶济世。一年夏天流行痢疾，患者众多，群医束手无策，村里临时新建的两所隔离医院也未能有效地控制痢疾的蔓延。然而许多用了三八郎自制药方的人几乎全部痊愈了。药方也秘密地传到了临时的隔离医院，院里病人服用他的药后，效果甚好，而他也因此成了名人，人们都纷纷前来求医开药。尔后，三八郎向内务省申请经营制药业。获准以后，他开设了一间药店，取名为"东村山龙堂"，仅仅出售几种汉药，但没多久因经营不善关门了。由于当时日本农村地区盛行迷信，三八郎出于无奈改行，以占卜看风水为生。他还著写了两本关于风水的书，《构宅安危论》和《要话杂论集》，并一直努力争取出版，但最终未能如愿。于是生活无着，与妻子过着离乡背井、寄人篱下的生活。可以这么说，川端世家从三八郎这一代开始就没落了。

祖父三八郎的原配本是黑田善卫门的长女，名叫阿孝，然而婚后的阿孝生了一子便病逝了。于是川端康成的祖父便娶了阿孝的妹妹阿兼续弦。川端康成的父亲荣吉就是三八郎和阿兼所生。三八郎在事业上破产之后，把所有的希望都寄托在自己的儿子荣吉身上，他勤俭节约一心培养荣吉，让荣吉顺利地从东京医科学校毕业。荣吉虽学医，但业余时间却学习文艺学，在大阪的儒家学堂"易堂"

学习汉文，遂有号"谷堂"。

此外，他还擅长书画，极具艺术家的素质。荣吉的妻子阿玄出身于大阪西城郡丰里村黑田家，原是荣吉长兄恒太郎之妻，但婚后五年无生育，其兄早逝。荣吉就娶了这位嫂子。婚后，由于家庭关系不甚和睦，他们便离开家，迁居大阪。先任职于东城郡的高桥医院，后来由于开业考试合格，于1897年在大阪市西区北堀江下租了一间小屋，开始挂牌行医，同时兼任大阪市一所医院的副院长。几经辗转，他的私人诊所最后迁到了此花町，终于把家安顿了下来。此后的第三年，1899年6月14日晚上9时，一位在母亲胎腹中不足七个月的婴儿——川端康成便在这个家庭里诞生了。

川端康成之父荣吉身体孱弱，患有严重的肺结核病，这在当时来说是不治之症。在川端康成出世的第二年，他便在病榻上给川端康成姐弟立下遗训，事后，便过早地离开了人世。他给川端康成姐姐的遗书为"贞节"，给川端康成的遗书除"保身"外还有"忍耐，为川端康成书"几字。荣吉辞世后，母亲阿玄带着川端康成姐弟两个回到了娘家。阿玄由于长期侍候荣吉，自己也染上了肺结核病，她于荣吉去世的第二年，也溘然长逝了。

母亲病逝后不久，祖父母携川端康成一起回到阔别了15年之久的故里，而川端康成的姐姐芳子则寄养在姨父家中。川端康成时年刚满两周岁，由于先天不足的原因，体质十分羸弱。但是，他又是传宗接代的唯一的男子，所以痛失儿子儿媳的两位老人，对孙儿十分疼爱，甚至是溺爱了。川端康成直到上学之前，自己还不会使用筷子，吃饭时还要祖母哄着。两位老人十分担心川端康成出门会惹是生非，让他整天待在阴湿的屋舍里，不许离开他们的身边半步。这段时期，这位赢弱的幼年孤儿几乎没有闻到过一丝外界自由的空气，以至于"把自己胆怯的心闭锁在一个渺小的躯壳里，为此而感到忧郁与苦恼"，甚至"变成了一个固执地扭曲了的人"。一直到上学之前，他"除了祖父母之外，简直就不知道还存在着一个人世间"。

就是这种状况，也没有持续多久。在川端康成的记忆里，就在自己上小学的那年，无比疼爱他的祖母匆匆地弃他而去。他以为这大概是祖母看着他上了小学，对祖母是一个莫大的安慰，所以她才撒手人寰的吧。在川端康成后来的记录里有这么一段文字："我的祖母为了抚养我备尝艰辛，我只是在她去世这天才侍候过她一次。幼小的心灵也觉着奇怪，孩子自我本位的良心也觉得安然许多，对于祖母之死好像也能承受了。"

祖母病逝刚满三年，一天突然传来了一直寄居在姨父家中的姐姐芳子生命垂危的消息。祖父精于易学，擅占卜，便默默地拿起签筒，占卜孙女的命运，以祈天佑芳子。川端康成帮着祖父摆弄占卜用的工具，并不时地望着老人暗无光泽的消瘦的脸颊。两三天之后便接到姐姐病故的噩耗。他不忍心立即告诉祖父关于姐姐的死讯，将信压下了几个小时之后才念给祖父听，祖父面色苍白，仿佛瞬间就老了，整个屋子里充斥着悲伤与冰冷的回忆。据川端康成回忆，他同姐姐分离之后，也只与姐姐见过两次面。一次是祖母病逝时姐姐回家乡参加祖母的葬礼；一次是祖母辞世后不久，他和姐姐在姨母陪同下一起走访亲戚。姐姐也如同父母一样，在这位少年的脑海中并没有留下多少具体的印象，有的只是个模糊的影子，也就是姐姐参加祖母的葬礼时给他留下的一身素白丧服的印象。"这个在空中飘动的白色的东西，便是我对姐姐的全部记忆。"他说，"姐姐的死，我也只有通过祖父的悲伤才感受到，祖父对姐姐的死十分哀伤，也硬逼着我哀伤。我搜索枯肠，也不知该以什么样的感情，寄托在什么东西上才能表达我的悲痛。只是老弱的祖父悲恸欲绝，他的形象刺痛了我的心。"

2. 与祖父相依为命

由于亲人们陆续地离世，年幼的川端康成沉浸在哀痛之中，这就使他从少年时代开始对周遭的世界变得敏感。从此之后，他与在人世的唯一的一位至亲——年迈的祖父相依为命。川端康成的祖父不但双眼尽盲，而且耳背，看不见这世界的光明也听不见声音，整日里他都是一个人孤寂地呆坐着，常常以泪洗面，面庞显得枯瘦与凄凉。祖孙二人多年生活在一起，通常是相对无言。川端康成习惯了长久地凝视着祖父的脸，甚至就像是在凝视祖父的画像或相片一样。他也渐渐地养成了瞪大眼睛直勾勾地凝视他人的习惯。这种压抑而又单调的家庭氛围，使幼年的川端康成心理底色染上了一些悲凉的色彩，使他幼小的心灵过早地笼罩着孤独的阴影。在亲人们相继故去后，川端康成也变得独立起来，他常常自己做饭，烧洗澡水。在东村，除了相依为命的祖父之外，更无其他的亲人，但他时常做梦会梦到祖父，多半是梦见祖父生各种各样的病。总的来说，他总是在梦中担心祖父会离他而去。因此，每每做此类的梦他都会伤心地惊醒，有时候甚至会在梦里哭着醒来。

在孤寂无聊的时候，他总是喜欢一个人长时间地在田埂上、河岸上、沙滩上或是山冈上游荡，常常在观赏景色时发呆，有时发着呆就睡着了。川端康成去上学的时候常常在天色未明的时刻，独自登上村里的山冈眺望东方，等待日出。每天晚上都是川端康成最寂寞的时候，天刚一黑，他就觉得面对着自己的祖父太过于寂寞，在家里他是总待不住，他就祈求祖父让他出去玩一会儿，祖父总是很利落地答应他。似乎他在别人家里能感到温暖，所以他每次回去的时候往往都是后半夜了。然而一出了别的小朋友的家门，他心头就即刻涌上一股凄凉的感觉，常常对于抛下祖父一个人在家，自己出来玩耍这件事感到后悔，觉得自己不应该这样做。回家时漆黑的夜路，竟然让他感到害怕，他内心的凄凉与后悔仿佛凝结成了一股妖气，与黑森森的夜一起尾随着他似的。不出去找小伙伴玩的时候，他就坐在祖父的床前，夜读各家名著。诸如岛崎藤村的诗集，《源氏物语》等。川端康成这时候已预感到祖父大去之期不远了，他就决心把祖父生病时期的情况记录下来。于是《十六岁的日记》诞生了。当时用的纸是大阪府立茨木中学的专用的稿纸。后来祖父病重，《十六岁的日记》也就就此搁浅了。这篇日记，当时没有能够发表，到最后他自己甚至把写过这篇日记的事都忘记了。

病重后的祖父，通常是一动不动地呻吟着，而且大小便成了问题，川端康成也因此承担起了照顾祖父的重任。每次祖父大小便之后便发出痛苦难耐的声音，常常使内心脆弱的川端康成潸然泪下。年迈的祖父每晚甚至不止一次地把困倦中的川端康成从睡梦中叫醒，有时还蛮不讲理。处在是还可以向父母撒娇的年龄的川端康成，一整夜先后几次被祖父叫起来，多少有点不耐烦，而且对于祖父小解也是厌恶之极，更何况有时莫名其妙地挨骂，所以有时候他忍不住顶撞祖父几句。之后冷静下来反思，又觉得不可以这样无礼地对待病重的祖父，毕竟他是自己在这世上唯一的亲人了，每念至此，甚感委屈，就不顾一切地痛哭起来。川端康成家从北条泰时期开始到川端康成这一代已有七百多年的历史，先前也有过一时的昌隆。长期卧榻的祖父，常常嘱咐川端康成好好干，要恢复以前的荣光。

虽然川端康成短短的人生已经够凄惨的了，可是现实不相信眼泪，也不顾人世的情感。现实就是现实，任何人想仅凭一己之力力挽狂澜，那就是痴人说梦。1915年5月24日晚上，在学校参加遥拜皇太后入殓典礼的川端康成深感祖父将有不测，心里十分担心祖父不能等到他回来，心中甚是不快。自祖父病重以来，帮工美代一直在照顾他爷孙俩人。她也是极善良的，她很同情川端康成的遭遇，也很敬重川端康成的祖父。美代感叹道："向来跟佛爷一样慈善的人，为什么临终时那么痛苦。极乐世界的佛爷怎么不来迎接呢。"

遥拜典礼刚一结束，川端康成便迫不及待地往家里赶，一路上他口中念念有词，心急如焚，希望能够见到祖父最后一面。到家时，祖父已经快不行了。只见他口不能言，呼吸不畅，老泪纵横，祖父也深知自己是真的不行了，痛苦万分。川端康成不忍亲眼见到祖父这般苦楚，独自躲到别的房间去了。没多久，祖父便抛下了孤苦伶仃的川端康成，永远地离开了这个他生活过的世界，时年川端康成刚满十四岁。至此，川端康成失去了所有的至亲，他的孤儿体验也因此达到了极点。

此后的生活使年少的川端康成更加寂寞，性格也日趋孤僻、内向，举手投足间也折射出他这种独有的气质，整个房子也因只他一人而显得落寞，屋内的宁静令人泛起淡淡的哀愁。祖父的故去使川端康成开始了寄住的生活，上学时寄住在学校，放假时寄住在亲戚家，川端康成的孤僻、内向的性格与气质与之前相比也就更浓烈了。祖父故去，这位十四岁的少年从此没有了自己的家，也失去了家庭的温暖，漂泊无依。

祖父离世后三个月，康成的表兄将家乡仅余的房屋全部卖掉，把康成带到他母亲娘家所在的丰里村，转辗寄住在几位亲戚的家中。住在亲戚家里的时候，他常常在黎明时分起床，独自一人赤着脚，踏过被晨露打湿了的田埂，走到淀川河畔，有时把脚尖泡在水里，有时用草帽遮住脸，赤身裸体躺在沙滩上，抬头仰望着无垠的苍穹，心中满是惆怅。这时候他的脑海里，家和家庭的观念也渐渐淡薄了。一种无依无靠的寂寞感，直渗入他的内心深处，他经常做着一些流浪的梦。从幼年到少年，川端康成参加的葬礼不计其数。他接连为亲人奔丧披孝，在亲戚家寄住期间也不时遇上亲戚的丧葬礼，有一年暑假不到三十天，连续出席了三个追悼会。第一个亡故的是住在河内的远亲的母亲，死者的儿孙们那一副沮丧和悲哀的神情，深深地感染了他。约莫过了一个星期，住在摄津的表兄给他打来了电话，让他去参加姐姐婆家的远亲的葬礼。此后不久，还是摄津的表兄来电话，请他代表参加姐姐远房亲戚的葬礼，并半开玩笑地说他是"参加葬礼的名人"。他顿时默然不语，他也不知道自己是怎样的一副表情。当他告诉所寄住的河内的家的家人说，他要去参加第三次葬礼时，这家的表嫂苦笑着说："你简直像殡仪馆的人啦。"表妹接口说："连衣服也净是坟墓味儿！"

关于父母的葬礼，对于一两岁的康成来说，不可能留下什么印象。至于祖母的葬礼他是记得清清楚楚的。举行祖母葬礼那天，下着倾盆大雨，他和姐姐分别由大人背着踏着红土的山路，艰难地走向墓地。祖父葬礼的情景，更是深深地刻印在他的心中。葬礼举行的那天，许多亲朋好友前来吊唁。康成也许由于祖父亡故，心灵受到严重创伤，心情低落，过度悲伤和心情焦灼，导致鼻孔直流鲜血，他连忙用腰带的一端堵住鼻孔，就这么赤着脚丫飞跑到院子里等待血止。这是他生来头一回流鼻血，自觉失态，他觉得鼻血挫伤了他的锐气。送殡行列从村子走过时，沿途挤满了村民。他护送着灵柩从他们前面走过时，听见人群中的妇女哭出声来。

他得到周围的人的同情，产生了复杂的感情，一方面老老实实接受了人们的好意，一方面想到这是人们强要怜悯自己，也就产生了些许抵触的情绪。火葬次日，他同亲戚前去山上的露天火葬场拾遗骨。一到火葬场，他觉得怪味儿太大，连阳光都是黄色的。他不禁想起昨晚守灵的时候有这样一个传闻：他祖父变成一缕蓝焰的鬼火，从神社的屋顶飞起，又从传染病医院的病房飞过，村庄的上空飘荡着一股令人讨厌的臭味。他拾了一会儿遗骨，鼻血又从鼻孔涌流出来，他用腰带去堵住鼻孔，一溜烟似的跑到小山上，鲜血仍然滴滴答答地滴落下来。身体本来就虚弱的他，感到一阵头昏目眩。约莫过了半个小时，他又回到火葬场，人们对他说，骨灰出来了，去捡吧。他带着凄楚的心情，象征性地捡了一丁点骨灰。

继祖父葬礼之后，康成还参加过姑奶奶的葬礼、伯父的葬礼、恩师仓崎仁一郎的葬礼，还有好友越亨生的葬礼等等，这许多的葬礼都使他悲伤不已。在参加了数不清的葬礼之后，他终于成了"参加葬礼的名人"。有一回，他到表姐家，家里人带笑地对他说："说不定还要叫你再来一趟呢。有位患肺病的姑娘恐怕熬不过今年夏天了。""名人不来，葬礼就举行不了咧。"

3. 少年远志

川端康成于1906年4月入学，当时就读的学校是丰川普通小学。

在入学之前，川端康成已跟着祖母识得不少字，书也能看得些许，但也只局限于一些启蒙类的小书。此外，他还会作画，这些或许都遗传了父亲的优良的基因吧。当时由于川端康成身体羸弱，常常怯于上学，为此也受了不少委屈。随着年龄的增长，学习能力和理解能力也渐渐提高，他爱上了读书。在高小的时候他曾把学校图书馆里的书一本不落地借阅了一遍，但是多半是囫囵吞枣，一知半解的，并不透彻。1913年，川端康成以优异的成绩升入大阪府立茨木中学，住寄宿学校。上中学以后，他就不再画画了，因为有个同学画画比他画得更好。同时他保留了上小学时的习惯——对于读书孜孜不倦。其间他接触到了较高水平的文学作品，并把文中精彩的部分摘抄下来，作详细的笔记。所以在中学时代，他的国文学和汉文学都是最佳的，锋芒已现，但要走的路还很远，毕竟与名家比起来可以说还是难以望其项背的。1914年秋，他把之前所写的文章，整理成册，并用父亲的别号为集名，称《第一谷堂集》、《第二谷堂集》，前者收入的主要是他的32篇新体诗，后者收入的则是中小学的作文。川端康成在少年时代就具有文人意识，他心中总有一个念头——当一位作家。

当然，人的内在因素能够主导自己的命运，如天赋、意志等。但除这些内在因素外，当时的外在条件与社会背景对一个人也有很大的影响。纵然英雄人物能够在某种程度上改变历史，但在很多时候却是时势造英雄。在川端康成读中学的时代，日本近代文学正发展到鼎盛阶段，自然主义、白桦派、唯美派文学、新思潮派等文学流派都十分活跃。尤其是新思潮派，它的代表人物芥川龙之介正是在这个时候登上文坛的，他的文学观念对同时代的青年人产生了很大的影响，其观念的核心是审视人生的严肃态度和个性自由，以及人道主义精神。或许当时的社会风气让许多青年人认为，文学比政治、经商创业更具诱惑力，再加上当时许多中学生杂志纷纷创刊，诸如《文章世界》、《少年世界》、《秀才文坛》、《中学世界》等，学生投稿之风盛行，川端康成和许多中学同学一样志愿从文，并且非常热心投稿，这些初期的投稿对川端康成写作技巧以及心智的成熟起到了或多或少的影响。

初期的创作过程中，川端康成也碰了不少壁，他的一些俳句、小小说都未被采用。直到1915年夏季，《文章世界》刊登了他的几首俳句，但他给《新潮》、《秀才文坛》等杂志所投的稿，均没有回音。精心的创作石沉大海，让年少的川端康成有点沮丧，于是他在1926年2月18日的日记上记录道："我正跋涉在所有年轻人的必由之路，多么无聊啊！可是，要把自己的文章印成铅字的念头，总是在我的心中旋荡，迄今我给《文章世界》、《中学世界》、《学生》等试投了两三次和诗歌稿，而那些作品是过十天以后连自己也不屑一顾的。总之，是自己天资笨拙。在追求文学的路途上，布满了黑暗的影子，也许我要变成一个为失意生活而哭泣的人吧！"尽管受挫沮丧如此，但这些打击和挫折并没有完全消磨尽这命途多舛的少年郎的意志，他常常暗暗地问自己："为什么我的脑筋作为文学家就这样愚蠢迟钝呢？为什么我的笔就这样不能自如地运转呢？"

中国古代著名的文学家苏轼在《晁错论》一文中曾说过："古之立大事者，不唯有超世之才，亦必有坚韧不拔之志。"当然，川端康成是两者都具有的，天赋与勤奋不可偏废。因此，投稿受挫之后他几乎放弃了用于游戏和娱乐的时间，而且愈加刻苦勤奋，练习写作基本功，更加广泛地涉猎古今世界名著，也包括日本本土名著。最初，他最爱的是日本文学的古典气息，略带忧伤的美感，这种情调影响了他一生的创作，是他孤僻、内向性格气质在文学方面的体现。少年的康成在第一次阅读了描写一位伐竹翁在竹筒中发现一个下凡的小女孩辉夜姬的传说故事《竹取物语》以后，就为它的美所感动，当他踏足京都嵯峨的竹林间，他就"想象竹林里，美丽的竹筒亮光闪闪，辉夜姬就在里面"，于是，他就"完全相信《竹取物语》的作者发现、感受和创作的美"，表示"自己也应立志这样做"。这时候他还读随笔《徒然草》，历史文学《大镜》、《增镜》等，但多半是为了应付考试才读的。在阅读过的诸多散文和诗歌等作品中，川端康成钟爱日本古典名著《源氏物语》，这部久经传颂的日本古典名著，对于少年的川端康成来说自然有一定的难度，这就如一个中国的中学生读中国古典名著《红楼梦》一样。川端康成在处理《源氏物语》时也只停留在表层，不能够深入地理解文本的特殊寓意。限于理解能力，他也只能够朗读字音，欣赏文中优美的抒情句子，多半是背诵、熟记一些段落，并致力于运用到创作中去，这一方法成为他后来在从事文学创作中的有效经验，当然，这也是我们在文学创作初期值得学习的有益启示。

通过长期的阅读，川端康成渐渐地形成了自己的一套创作思路，并且发现、感受了美的独特体验。在文学接触发生的同时常常又伴随着文学接受与文学消费的发生，构成了作者—作品—读者这三者之间的互动体系。在阅读的同时，川端康成接触到了许多日本近现代文学各流派作家，诸如志贺直哉、芥川龙之介、谷崎润一郎、德田秋声、正宗白鸟、永井荷风、田山花袋、武者小路实笃等。在众多近现代日本作家中，川端康成特别青睐志贺直哉，更是以敬佩的心情来读他的作品，最吸引川端康成的，是他那种任性热情的生活方式，隐约有一股反抗的精神。此后，他又大量阅读了外国文学，其中最多的是俄国文学，陀思妥耶夫斯基、契诃夫等人的作品给了他很大的触动。他对陀思妥耶夫斯基尤其是迷恋，这位作家的作品深深地感动了他。他说过："我迷恋陀思妥耶夫斯基而不欣赏托尔斯泰。可能是由于我是个孤儿，是个无家可归的孩子，哀伤的、漂泊的思绪缠绵不断。"另外，惠特曼、乔伊斯、泰戈尔等人的作品也对川端康成产生了一定的影响。少年的川端康成生活十分清苦，家中经济拮据，只有父母留下的由姨父秋冈义一保管的三千一百元钱，他和祖父每月仅有二十三元二角五分的生活费。尽管祖孙二人省吃俭用，仍旧欠下了不少外债，随着时间的推移，债务越积越多。祖父故去后留下的债务里，有一部分是他自称"作为不负法律责任的未成年人的书费"。他这笔十六岁以前欠下乡村书店的书款，到了十八岁成人以后，把祖屋卖掉才还清了。在穷苦之中他还保持着积极向上的心态，他孜孜不倦地思考与写作，学习的欲望也极为强烈。

总之，那时候他虽然觉得自己没有什么类似天才的闪光点，但仍然孜孜不倦地读书思考，而且希望多写，有着一股进取的劲头和强烈的学习欲望。这个时候，康成还接触到长田干彦撰写的《祇园》和鸭川的花柳文学，迷恋祇园之夜，时常不分昼夜地拿着小本子在浅草街上游逛，并将类似诗歌的东西写在上面。此时的康成受到了一些坏的影响，以至于后来有好几年常常出入于烟花柳巷，但他并未就此堕落。

也许是由于偏爱文学而忽视其他科目的缘故吧，康成虽以第一名的成绩考取茨木中学，但中学五年下来，康成的学习成绩一降再降。入中学之初，他被编入甲班，后来落第乙班，排第十八名。尽管他认为学校的成绩有点愚弄人，自己有头脑，这算不了什么，可是一想到那些他认为比自己愚笨的同学的考试成绩都排在他的前面，他心头就又涌起一股屈辱感。一气之下，他把同班同学的成绩都写在笔记本上，大概是作为一种"耻辱"的记录，以此来激励自己吧。

第二章　文坛上崭露头角

1. 初得收获

传统的梦想，尤其是文学梦似乎是最曲折的。古往今来无数人都在文学这条路上徘徊、挣扎，并执着地寻求突破，寻求一种心灵的释放与解脱。文学作品体裁不尽相同，可以说差别甚巨，但总的来说，它们在表达情感、传递思想等方面是一致的，可谓殊途同归。川端康成也怀着这么一个朴素的文学梦，在文学的征程中痛苦而艰难地跋涉。多次投稿没有回应，川端康成一度以为：凡是做着当大文豪梦的人，都将在悲惨的命运中失败。并因此有些沮丧与失望，对自己的天赋产生了怀疑。他重新审视了自己的内心，肯定了自己的天赋，最终决定继续走漫长曲折的文学道路。在1916年秋，川端康成第一次在报刊上发表了作品。

同年，他通过表兄的牵线，开始同南部修太郎通信，交流写作心得，南部修太郎是当时文坛颇有影响的三田文学派新晋作家。就在这时发生的两件事深深地刺激了川端康成，这两件事都给川端康成带来了很大的鼓舞，激发了他对文学创作的热情，增强了他继续走文学道路的自信心。第一是中条百合子（即宫本百合子）在《中央公论》上发表了处女作《贫穷的人们》；岛田清次郎在新潮社出版了长篇小说《地上》。还有一件事对川端康成的影响是直观且重要的，就是热爱文学、同样抱有文学梦的同班同学清水正光在茨木市唯一的一份小报《京阪新闻》投稿并被采用，川端康成受到很大的激励，于是暗下决心，首先要在这份小报上发表作品。

怀揣坚定信念的川端康成带着自己的稿子拜访京阪新闻社，一位年轻的编辑接待了他，这位大学刚毕业的编辑发现这个不起眼的文学青年颇有才华，便热情地帮助川端康成在该报相继发表了四五首和歌和九篇随感。就在同年，他在《团栾》杂志上发表了《肩扛老师的灵柩》，是关于他在茨木中学的英语教师仓崎仁一郎的文章，初名叫《仓木先生的葬礼》，这是川端康成第一次在大城市的报刊上发表自己的作品。此后他还发表了数篇小品和掌篇小说，并位列《文章世界》投票选举出的"十二秀才"之一，川端康成名列第十一位。一年之内发表了如此之多的作品，对于立志当作家的川端康成来说，是相当大的激励。

1917年3月，川端康成在茨木中学毕业了。中学毕业后的川端康成，面临的是以后求学的巨大问题。当时风气是在农村中学毕业的学生大多不愿再继续求学，而是选择到基层部门从事管理工作或者到农村小学当教师，只有少数学习成绩优异的学生有资格上京都第三高等学校（旧制大学预科）深造。但凡事都有例外，川端康成就是如此。他最初打算报考东京三田文学派的庆应私塾或早稻田文学派的早稻田高等学校，然后再踏进庆应大学或早稻田大学，继续走他的文学之路。后来他突然改变了报考的对象，改成第一高等学校。第一高等学校是东京的顶尖学校，是东京帝国大学（今东京大学）的预科，东京帝国大学是培养官僚、学者的全国最高学府。就川端康成的中学成绩来言，作这个决定是不明智的，也是不切合实际的。所以当时茨木中学的校长对他这一决定感到吃惊，并提醒他再认真考虑考虑，谨慎行事。川端康成在后来解释了当初为何突然决定报考第一高等学校，他说："主要原因，就是要对蔑视我身体虚弱、智力低下的教师和同学进行报复。"这或许就是他性格中倔强的一面。当然，川端康成决定报考第一高等学校还有其他原因，其中最重要的一个原因就是投稿屡屡受挫，内心产生一种自卑感，曾经对文学道路产生动摇，因而想成为一位学者，而东京大学则是培养学者的摇篮。他曾经也说过："随着自己越来越怀疑自己的创作天分，就更倾向通过第一高等学校，进入帝国大学，索性当个学者算了。虽然这是事实，但我还是舍不得放弃我的笔，也不会放弃我的笔。"

其间，他在表兄的介绍下同南部修太郎取得了联系，并获得了南部修太郎的回信，信中南部鼓励川端康成，并接受了他报考第一高等学校的意愿。这无疑帮川端康成打消了心头的疑虑，使他信心大增。不得不说这是他人生中的一次重大的转折。就这样，川端康成带着他的那份自卑与倔强只身来到了东京，住在姨母家。他进入明治大学的补习班，专心补习功课，准备参加7月份第一高等学校的入学考试。在此期间他经常出入上野图书馆，边温习书本边读小说。经过三个月不分昼夜地紧张复习，1917年9月川端康成终于如愿以偿——成为茨木中学第一个考入第一高等学校的学生。但他学的是英文专业，并非自己所爱的国文学。在第一高等学校期间，川端康成在《校友会杂志》1919年6月号上，发表了第一篇勉强算是小说的作品《千代》。他用淡淡的笔触，描写了自己与三个名叫千代的姑娘的爱恋故事。川端康成把这篇作品，同《十六岁的日记》及其后发表的《招魂节一景》一起称为处女作。

川端康成在第一高等学校匆匆地完成了三年大学预科生活，并顺利地考入了东京帝国大学。当时日本的学制是预科三年、大学三年。他进入东京帝国大学之后，一开始同预科时选择的一样，是文学系英国文学专业，但非他本愿，因此当时对学业不是很重视。其恶果是他第一学年没有参加过一次考试，导致一个学分也没得到。愤懑苦恼的川端康成第二年便转入了他喜欢的国文学专业，但他也几乎没有上课。转了专业，最直接的后果就是他大学念了四年。四年的大学生活结束之后，川端康成的成绩平平，然而作为一位新晋作家，他的文学成就却是另一番光景。此时，他预科时的同学酒井真人、石滨金作、铃木彦次郎和好友今东光正筹备《新思潮》杂志的第六次复刊。

新思潮派是日本19世纪末20世纪初兴起的一个文学创作流派，又称新现实主义派、新技巧派、新理智派。它以第三次和第四次复刊的《新思潮》杂志为中心。在小说创作上，新思潮派作家既反对自然主义纯客观的描写方法，又怀疑白桦派文学的理想主义，也不同于唯美派或颓废派，而是追求真善美的统一。其主要代表小说家有芥川龙之介、菊池宽、久米正雄、山本友三等。《新思潮》杂志最早创刊于1907年10月，由剧作家、小说家小山内薰担任编辑，当时的内容侧重点是介绍国外的戏剧和新文艺的动向，起到了话剧新兴的先驱作用，不到半年杂志就停办了。三年之后，于1910年9月复刊。其间杂志刊登了谷崎润一郎的小说《文身》，具有唯美倾向，反对自然主义，标志了一种新的文学潮流萌生。1914和1916年，山本有三、久米正雄、芥川龙之介、菊池宽先后第三、第四次复刊《新思潮》，"新思潮派"便在日本文坛诞生了。这时期的代表作有菊池宽的《父归》、《屋顶狂人》，芥川龙之介的《罗生门》、《鼻子》等。1918年《新思潮》第五次复刊，但没有产生有影响力的代表人物，因失去"新思潮派"的传统，并未引起文坛的足够重视。如果要复刊《新思潮》杂志而且要引起重视就很有必要得到"新思潮派"老一代作家的支持与赞助。于是川端康成拜访了菊池宽，并取得了菊池宽的信任与支持，菊池宽还力邀久米正雄、芥川龙之介等人参与《新思潮》杂志的第六次复刊。

《新思潮》杂志成功复刊后，川端康成建议成立"新思潮受评会"，目的是征求作家及读者对各期刊物的意见。"新思潮受评会"经常在菊池宽家中召开，大家在会上进行激烈的讨论。菊池宽阅读川端康成的《招魂节一景》之后给予了很高的评价。川端康成的文学才能首次得到了文坛大家的肯定。其后，他得到这位文坛大家的推荐，开始在文学专业杂志上发表作品。他在《新思潮》杂志1921年12月号上发表了评论南部修太郎的作品《湖水之上》的文章——《南部氏的风格》，而且第一次拿到了稿酬，虽然只有十元。但正是这些作品的发表，使川端康成在文坛上崭露头角。

2. "贵人"菊池宽

　　每个人的一生之中都会遇到一些对于自己的人生道路产生重大积极影响的人，我们称之为"贵人"。贵人是可遇而不可求的，也是不可多得的。川端康成之所以能够顺利地登上文坛，首先是自己长期勤奋努力的结果，同时菊池宽这位贵人的热心指导和积极支持也是不可忽略的。菊池宽是日本著名小说家，戏剧家。1888年12月26日生于香川县，卒于1948年3月6日。主要小说作品有《无名作家的日记》、《珍珠港夫人》、《新珠》等。他善于刻画人物，渲染气氛，文笔清新流畅。他1916年毕业于京都大学英文科，读书期间潜心研究英国近代戏剧，并与芥川龙之介等主办第三次和第四次复刊的《新思潮》杂志，成为新思潮派代表作家。一生成就辉煌，先后担任《时事新报》记者、日本文艺家协会会长（创办人）、东京市议会议员、文化学院文学院长、日本文学报国会创立总会议长、大日本著作权保护同盟会会长等职务。被誉为"日本文坛太上皇"。尽管在当时的文坛上菊池宽成就颇高，声名远扬，但更难得的是菊池宽热衷于发掘和培养新人，他门下有成就的名人与作家也是相当多的，其中就有川端康成和横光利一二人。

　　菊池宽不仅是当时新思潮派的主要战将，也是日本文艺界的一位鼎鼎有名的人物。1921年，在他组织下，"戏剧家小说家协会"

（今"文艺家协会"前身）成立，以培养新人、提高文艺家的社会地位和经济权益为宗旨，菊池宽担任第一任会长的职务。在川端康成的文学生涯中菊池宽起到了相当大的作用。菊池宽除了鼎力支持《新思潮》外，还在1923年1月自费创办了很受年轻作者欢迎的《文艺春秋》，为新晋作家提供了创作的天地。就在同年，川端康成创作的《参加葬礼的名人》、《林金花的忧郁》、《南方的火》，以及早期创作的《十六岁的日记》都在《文艺春秋》上发表了。截至1927年12月，他成为《文艺春秋》创刊五年中执笔最多的一个，总计发表了二十篇作品，菊池宽也认为川端康成是"《文艺春秋》所属的有为作家"之一。可以这么说，川端康成的小说在"新思潮"中孕育，在《文艺春秋》中茁壮成长。

菊池宽在担任文化学院文学系主任时，一度聘请川端康成担任讲师，主讲文学创作，并极力推荐他兼任日本大学的讲师。此外，川端康成还通过菊池宽结识了当时文坛上久负盛名的芥川龙之介、横光利一，并与二人保持着密切的交往。这对于初登文坛的新晋作家而言，是极大的鼓舞。所以川端康成把菊池宽和横光利一称作他的两大恩人，尤其感激菊池宽，一度称"几乎如同被菊池氏收养了"，这是川端康成由衷的表白，也符合实际情况。

就在《文艺春秋》创刊的第二年，文坛上新老作家的矛盾愈来愈突出，而在《文艺春秋》内部也出现了这种端倪，原因是新晋作家受到无产阶级文学的刺激，表现出对既有文坛状态的不满，甚至提出了推翻文坛现有的一切，"打倒既有文坛"、"打倒既有作家"的口号就是那个时候新晋作家响亮的呼声。由此，新老作家之间的矛盾进一步激化了。菊池宽曾在《文艺春秋》创刊词中把老一代作家称作"朋友"，把新晋作家称作"年轻人"，然而在实际的操作过程中，《文艺春秋》对新老作家的待遇是有差别的，这引起了一些新晋作家的不满，并认为这是对新晋作家轻视的表现，有悖于《文艺春秋》创刊宗旨。由于种种原因，导致新老作家分道扬镳，一些新晋作家中的激进分子开始考虑筹备创办新的杂志企图与老一代作家划清界限。于是菅忠雄、今东光、石滨金作等三人准备筹办新的杂志，以表明新晋作家的价值与地位，以证明"自己的存在"和新晋作家的"大团结"。对于这一举措川端康成是持支持态度的。考虑到这一行动会伤害到菊池宽，需要事先征得菊池的首肯与支持，所以在他们筹办新杂志的时候，由川端康成出面同菊池宽商量，结果菊池宽并无半句反对就同意了。就这样，同人制的《文艺春秋》解散了，原来《文艺春秋》的新晋作家全部退出了《文艺春秋》，由此也解散了苦心经营第六次复刊的《新思潮》，并积极着手创办一份新的杂志——《文艺时代》。

在新老作家不同观念的对峙中，川端康成和菊池宽在对待这个问题上的意见是不统一的，川端康成认为是由于时代不同而产生这种隔膜。他同菊池宽以及《文艺春秋》的关系也是十分微妙的，他也有自己独特的见解。川端康成于1924年10月3、5、7日在《读卖新闻》上连载了《〈文艺时代〉与〈文艺春秋〉》一文，在阐释这种关系时他写道：

"创办《文艺时代》，不能说是由于我们同菊池氏在艺术上发生了冲突，或是我同菊池氏的感情不够融洽。而是由于同这完全无关的内在艺术上的要求。"他所说的"我们内在艺术上的要求"具体是什么，他在文中没有提及，但他谈到《文艺春秋》解散同人制有两个方面的考虑："其一是，菊池宽不屑于将两份杂志联名并列；其二是，菊池宽在《文艺时代》创刊、招致同既有文坛对立的形势下，让他们有言论行动的自由，这是菊池宽他的好意。"

同年，直木三十五在《文艺春秋》11月号发表了《文坛诸家价值调查表》，对比评价了当时六名新老作家的状况。其中对于新晋作家的消极评价，严重伤害了新晋作家的自尊心。横光利一、今东光认为这是有意贬低新晋作家，于是他们便用手中的笔对此表示了强烈的愤慨，这一举措无疑加剧了新晋作家和《文艺春秋》之间的矛盾。随后，今东光率先对此次挑衅予以回击，他接连发表了题为《（文艺春秋）的无礼》、《文坛波动调》等文章，非常不满地指责"《文艺春秋》解散同人制，是菊池宽对《文艺时代》的报复手段"，"企图毁坏我们的名誉"，并呼吁各界"所有文人不要为这样卑鄙的《文艺春秋》执笔"。同时，横光利一给《读卖新闻》投递一封书信，信中向《文艺春秋》提出强烈的抗议。川端康成在获悉此事后，担心局面僵化，毕竟自己与菊池宽以及《文艺春秋》之间保持着微妙的关系，所以多方劝说其收回信件，并及时同横光利一起到《读卖新闻》社取回这封信件。后来横光利一在第二年1月的《文艺时代》上发表了一篇文章，文中暗示自己曾经对此事件非常不满，认为《文艺春秋》的行为纯属无端发难。

在这些矛盾冲突中，川端康成夹在两派之间，积极斡旋两派之间的矛盾关系，当时的心情也是十分复杂的，他心中对文坛现状不满，却又不能割舍与菊池宽以及《文艺春秋》的关系，而且他对菊池宽的评价也绝对是正面的，在这一系列的矛盾冲突中，川端康成始终担当着调解者的角色。

3. 大学时代的创作

在大学时代，川端康成成功发表了《招魂节一景》以后，由于生活上的种种不如意，常常感到幸福无处可寻，因此他总是生活在哀伤的氛围之中。此间，忧郁的他除了于1922年7、8月间到伊豆汤岛，写了未完成的《汤岛的回忆》之外，一年多时间内，作为作家的他，几乎没有动笔写作。再次写作是以1923年1月《文艺春秋》杂志创刊为契机，他为了倾诉和发泄自己内心的抑郁，再次借助手中的笔，写了短篇小说《林金花的忧郁》和《参加葬礼的名人》。之后，他在爱与恨的交织下，以他之前的恋爱生活的体验，写了一系列小说，既有写实也有虚构，大体上都是以他的恋爱事件为素材。

《林金花的忧郁》写的是中国的女杂技演员在浅草卖艺期间的生活。林金花身份卑微，就连她的表演也只能得到少得可怜的喝彩，在书中作者对林金花的遭遇表示了同情。该小说的结构并不算完整，情节也是极为平淡的，所以他塑造的林金花的形象也不是成功的。虽然《林金花的忧郁》在创作主体上大抵类似《招魂节一景》，但无论在思想上还是在艺术上都远不及《招魂节一景》成功。即使后来川端康成在创作《浅草红团》时，力图重新塑造林金花这一人物形象，也没有取得相应的成就。《林金花的忧郁》和《招魂节一景》这两部不算成功的小说问世，在一定程度上说明川端康成已开始把创作的注意力从写自己的孤儿生活以及恋爱受挫渐渐转移到命运多舛的少女身上。这一创作思想无论是在日本本土作家还是其他国家的创作者中都是很普遍的，表达了作家们对弱势群体的同情以及无能为力的无奈。

艺术源于现实，却高于现实。作家自传性质的作品大多是建立在自己亲历的事件之上的，或是对于生活的真实体验。多半假他人之名、借他人之口言说自己的故事，有的则是以第一人称的口吻叙述自身的遭遇，这些都是作家在自身经验基础上对现实生活中的事件进行的艺术加工。在川端康成大学期间发表的作品中比较有影响力的，或许是《参加葬礼的名人》和《篝火》这两个短篇小说。这两个短篇在川端康成早期创作中是举足轻重的。

在《参加葬礼的名人》中，作者以第一人称的口吻，叙述了"我"从童年时代起就开始参加了亲朋的葬礼，包括自己的父母、祖父母、姐姐等。这些创伤给自己留下了灰色的心理阴影。这很明显受到身世的启发，又发乎真情。《参加葬礼的名人》实际上是作者自述孤儿生活的体验，更是对自己失去亲人们的一个侧面记录。他以娴熟的创作技巧，巧妙地处理了实际生活中的痕迹，心情虽是感伤，"我"个人却写得天真无邪，纯朴深情。作者随后创作的《孤儿的感情》、《致父母的信》、《祖母》等一系列作品里也有意识地表露出《参加葬礼的名人》中所表达的悲哀、感伤、孤寂和忧郁的情感。

《篝火》也是作家带有自传性质的作品，源于他初恋的体验，我们也可以看作是作家对于其自身真实生活的艺术记录。文中叙述了阿俊（即作者）与朝仓（即三明永无）一起到岐阜同道子（即伊藤初代）订婚的一段故事，字里行间可以看出作者悲喜交集的激情。作者在塑造这两个人物时煞费苦心，他们个性都很鲜明。他笔下的阿俊是个性情孤僻略有些抑郁的青年学生，他不善于同异性相处，甚至"同女性一起走路也不习惯"，当他见到道子时，表现得相当拘谨与羞涩，他不会表达自己的感情，在向道子求婚时也羞于启齿，最后托付友人朝仓去表达自己的爱意。道子是个带有学生气息的咖啡馆侍者，当她看见自己心爱的人时，表现也总是很不自然，甚至不敢正视阿俊，脸时常是绯红的。在文中我们可以看出，川端康成隐秘地暗示了自己遭到解除婚约的这段时间的生活状况。阿俊的个人遭遇暗示了川端康成生活上以及情感上的不如意，通过文中的对话可以看出川端康成那时主观上是很悲观的，由于这是作家内心悲哀感情的抒发，所以整篇小说的孤独与哀伤的氛围更为浓重了。

此外，川端康成的恋爱的体验也或多或少地出现在《冰雹》、《非常》《南方的火》等三篇作品中。《非常》着重写了川端康成在和未婚妻订婚一个月之后收到解除婚约的信后的痛苦心情，这突然的"非常"让作者无力招架，心理防线崩溃。后来川端康成在《独影自命》中说出了这一事件对自己的影响："《篝火》中写到从10月8日在岐阜订婚直到收到'非常'的信。仅仅一个月，便无缘无由地被人解除了婚约。我的心潮激烈起伏，几年以后还留下了余波。"

川端康成的《篝火》以少年倾慕少女的第一人称视角展开，一波三折，从对少女幻象的怅惘，到实际接触后的失落与同情，最后升华到瞬间的美。故事情节单一，创作构思也并没特别的新意。然而在阅读过程中，给人的感官刺激是立体的，人物外部的描摹，内心的感受以及场景烘托，一气呵成。他能用极其细致的线条勾勒出人物整个轮廓，然后润色加工，使人物形象不致空洞。在尾声部分以篝火、鱼鹰的意象渲染整个色调，整体看起来，意境的图像墨色相当均匀。换句话说，他的小说就是一幅简单而又丰满的工笔画，十分类似于中国的"高古游丝描"。

川端康成大学期间的创作，归纳起来，塑造的对象主要是孤儿和恋爱生活的体验以及弱者的生活，着重表现对故去亲人的深切缅怀与哀思，以淡淡的笔触描写了自己的爱情受挫期间的心路历程，叙述了自己生活不如意的烦恼与怨艾，体现出了作者对柔弱的女性以及弱势群体的同情与重视。川端康成大学时代的作品构成了他早期作品的一个重要部分，这些作品与他的身世是密不可分的。早期作品所表现出的感伤与悲哀的基调，以及心中无法消解的寂寞和难以宣泄的孤愤，贯穿他一生的创作历程，成为他与其他作家不同的主要格调。川端康成本人也强调："这种孤儿的悲哀成为我的处女作的潜流"，"说不定还是我全部作品、全部生涯的潜流"。组成他早期创作的另一个重要部分是他在大学时代写的文学评论和文艺时评，当然，由于人生阅历和学术水平的局限，早期的评论性文章亦有不足之处。

第三章　曲折的婚恋历程

1. 爱的渴望

爱是一种奇特的东西，它犹如空气一样无色、无味、无形，也似乎不能触手可及，却实实在在地存在着。人们心中的爱只是索取、渴望与苛求爱。这种索取被认为是爱，但是结果往往是挫败、气恼和绝望。刚出生时，每个人的内在几乎都有一片空白，人们试图利用人际关系来填补这片空白。因此，一个人不断地需要感到被爱，他（她）倾向于在关系中尝到被爱的滋味，甚至不惜占有对方。生命是一个漫长的过程，而时时刻刻藏在内心深处的爱的索取与渴望归根结底则是爱的缺失。

自川端康成失去双亲之后，祖母、姐姐也相继离世，十五岁上与他相依为命的祖父也因病撒手人寰。这种孤儿的体验在康城觉来是切肤之痛。因此，他从小就失去了父爱、母爱，祖母和姐姐芳子以及祖父的去世更使他失去了一切至亲之爱，所以他对爱如饥似渴，从心理学上来说，幼时爱的缺失可能会留下心理阴影，导致他对爱的极度渴望，造成他抱有一种泛爱的感情。从小失去父母的川端康成，一直渴望有父母的感觉，爱的过度缺乏，希望得到补偿。这些都在他的作品中留下了不可磨灭的痕迹，所以在作品《父母的心》中极力赞美父母之心。它通过一对穷夫妻最终拒绝优越的条件，不愿把自己的任何一个孩子给富人的故事，表现了天下父母对自己子女的一颗崇高的爱心。小说字里行间既表现了浓浓的爱心，又流露出淡淡的哀愁，充分展示了文学作品情感复杂多样的艺术魅力。

川端康成以他惯有的柔腻的纤细笔触，描写了在一艘轮船上发生的至亲至爱的故事。在这里，无论多么优越的条件，也割不断父母对子女的情愫。"我们已经没有能力抚养这四个孩子了。话虽然这么说，但是绝不会把他们扔了"，听，没有豪言壮语，却也掷地有声，只因为有亲情的力量、爱的力量。

当女佣提出"东家"想向穷人要一个孩子时，"到了他家的孩子，不仅能够过好日子，而且可以继承财主的家业。另外，我家太太还要赠送你们一百元，作为酬谢"，三个优厚的条件一清二楚，这对于"衣衫褴褛，那副寒酸相也引人注目"的穷人来说，具有多么大的诱惑力呀！但这位父亲的表情"却十分犹豫"，要与孩子的妈妈"商量之后才能决定"。从现实的角度来看，父亲本该满口答应，可他却"犹豫"了，为什么呢？理智告诉父亲，答应女佣的要求，因为这样既能使儿子有一个光明的前途，还可以解决家庭的实际困难，以免"爹妈儿女一家六口饿死在一起"；可"对子女的一颗至亲至诚的爱心"却一再地反对这样做。理智与感情之间斗争的结果，最终还是舍不下这份亲情。所以，穷人夫妇把七岁的大儿子给财主太太后，分手时，父母"眼含热泪，难割难舍"，这时，浓浓的亲情已经打动了穷人夫妇，他们其实已经开始后悔了。

"第二天早晨"，"那位父亲领着5岁的二儿子的手，无精打采地走进那财主的太太的客舱"要求用二儿子把大儿子换回去，理由是长子是"我们家的接班人"。"无精打采"一词内涵丰富，父亲可能因为思念大儿子彻夜未眠，甚至与母亲整晚讨论怎样换回大儿子，总之，一个"无精打采"把亲子之爱写得动人肺腑。紧接着，当天傍晚母亲又要用三岁的小女儿来换二儿子，理由似乎很可笑，二儿子"从眉眼长相到说话的嗓门，和我那去世的婆婆一模一样"，如果把二儿子给了人，"就像把婆婆扔了一样不好受"。这个理由谈的其实是孝顺父母的话题，是与上一代的亲情不断的一个侧面体现。"事情到这儿还没完"，穷人夫妇的后悔之情达到顶点了，"他们一见财主夫人什么也说不出来，竟然痛哭失声"，先声夺人，以哭感人，真是"未成曲调先有情"。财主的太太莫名其妙，两口子边哭边诉衷肠，"把那么个无知的孩子给人家，连我自己都觉得这当爹的冷酷无情。……与其舍掉一个孩子，还不如爹妈儿女一家六口饿死在一起好"，语言平淡朴实、真诚感人，连财主夫人也深受感染，"不由得跟着悲伤起来，禁不住落泪"，"当爹妈的心我完全理解"，至此，亲情战胜了物质，战胜了"理智"。

川端康成父母早逝，他的作品大多是淡紫色的，透溢着隐隐的幽谧和淡淡的哀怨，《父母的心》同样具有一种风格特征。故事的结尾尽管写"那一家六口终于又团聚了"，但仍使读者为这一家六口担心，他们能否度过这艰难的岁月呢？他们是不是真的会"一家六口饿死在一起"？总觉得有一缕哀怨的情调，产生一种伤感的情绪。综上所述，川端康成无论是泼墨描写浓浓的亲情，还是轻点丹青流露淡淡的哀怨，总能扣动读者的情弦，引起强烈的共鸣，展示其大手笔的魅力。

有些日本评论家认为川端康成是淡紫色的。紫，淡淡的紫，透溢着隐隐的幽谧和淡淡的哀怨。这篇小说，正是他这种内心渴望的产物。我们读这篇小说，总觉得有一种哀怨的情调，产生一种伤感的情绪。故事最后尽管写"那一家六口终于又团聚了"，似乎是一个喜剧的结尾，但仍然使读者为这一家六口担心，他们能否真正度过这艰难的岁月呢？他们是不是真的会"一家六口饿死在一起呢？总觉得有一缕哀怨的情调，产生一种伤感的情绪。读者担心着主人公的命运，这就是小说的艺术魅力所在；读者也会祝愿父母浓浓的爱心，能克服生活上的千难万险，让全家六口健康而幸福地活着。

父母、祖母、姐姐，祖父相续过世，这种对于死亡的体验给他留下的恐惧的影响是一生的。求生，害怕或恐惧死亡，是人的本能，川端康成渴求爱也是。无论是渴求亲情之爱抑或是友爱，甚至是男女之爱，都是人为了生存彼此依靠的基石。然而，人一旦将这些爱丢失之后便会陷于绝境，以至于无法生存。由于川端康成亲人相继离世，性格孤僻不说，神经也变得敏感了。但凡有一丝与亲人相关的举动、话语或是场景，都能勾起他对亲人的怀念，心中悲痛莫名，有时甚至是潸然泪下。多年之后，在他功成名就之时，他已是有了家庭、有了孩子的父亲了，当他再回想起自己的至亲之人的时候，是否会有一种生命轮回的错觉，或是一种往事不堪回首的隐痛。

往者已逝，来者可追。亲人离世的切肤之痛，使年少的康成性格变得独立与坚强，失去至亲的伤痛也在渐渐地愈合。然而，这种伤痛是刻骨铭心的，对他的影响是终生的，他晚年的悲观厌世、消极的人生观就是源于此，这也就为他获得诺贝尔文学奖三年后自杀身亡埋下了伏笔。重新振作后的川端康成勇敢地正视社会的冷酷，也体会到了友情与爱情的美好。更重要的是他能够坚持自己的人生理想，坚定不移地探索文学创作这条道路。可以说，川端康成的成功不是偶然的，而是必然的。康成虽然身体羸弱，却有一颗坚强勇敢的心，有着别的孩子没有的韧性与持之以恒的耐力和毅力，再加上他不服输的性格与勤奋的努力，为他日后叱咤日本文坛乃至世界文坛打下了坚实的基础。

性格决定命运，是的，但更重要的是将性格转化为一种习惯，"习惯成自然"。"河海不拒细流，故能成其大；泰山不辞土壤，故能成其高"。由于爱的缺乏，使康成内心苦闷，性格变得日益孤僻，所以他需要倾诉，需要排遣，没有聆听者，便诉之于笔端，渐渐地他养成了写作的习惯；为了排遣抑郁，他到处散心，便养成收集素材的习惯；钻研古典文化，比较东西方文化差异，他养成了思考的习惯。正是这些习惯促使了他最终的成功。而他成功最终的来源是对爱的渴求。对爱的渴求是他孜孜不倦追求成功的动力，是他内心深处积蓄的原始力量，那么后来的崭露头角与世人皆知也就不言而喻了。

2. "四个千代"

　　没有哪个人的一生总是于安逸与平凡中度过的，人生的旅途中总会遇到一些坎坷与不平。我们通常在遇到不顺或困难时总会有那么点沮丧，而我们应该常常用风雨之后总会有彩虹来激励自己，相信自己。川端康成的人生路途是颇多坎坷的，在襁褓中就失去父亲，蹒跚学步时，就失去了母亲，刚上小学时，疼爱他的祖母离他而去，在稍通人事时，姐姐因病去世，在正是如朝阳一般的年龄时，祖父也撒手人寰。他几乎失去了一切可以庇护的屏障，孤苦伶仃地一个人挣扎，没有家人和家庭的温暖，不曾感到一丝的幸福，没有欢声笑语，性情郁郁寡欢。他渴望被爱滋润，渴求他人的安慰和同情。他对于爱的欲望从未消退半分，他祈求，找寻，企图得到一种具体而温暖的爱。他的这种欲望的外在表现就是对爱情孜孜不倦的追求。

　　他泛爱，博爱。小学时，他因听到一位女同学的美妙清脆的声音而心猿意马，久久不能忘怀。仿佛这美妙动听的声音极具魔力，时刻吸引着自己。在中学时，他因心理上爱的缺乏，导致他与同宿舍的男同学小笠原义人有过一段同性恋的生活，企图以这种不正常的爱恋来弥补内心的空虚与寂寞，以获得安慰与温暖。在他成人之后，连续接触到四个名字叫"千代"的女性，并对她们产生过不同程度的好感与爱恋。他自己本人也曾说过"我没有幸福的理想"，"恋爱因而便超过一切，成为我的命根子"。

他第一个产生好感的"千代"叫山本千代，她的父亲是川端康成家的债主，叫山本干代松。川端康成的祖父曾经为了解决经济上的困难向山本千代的父亲借了一笔钱。在川端康成的祖父过世后不久，山本千代的父亲接连两次到学校找到川端康成，不由分说地硬让未成年的川端康成在他祖父的那张借据上签字画押，以便将他祖父欠下的债务转移到川端康成的名下，甚至咄咄逼人地让川端康成年底还清，并向川端康成说清本息的款额。山本千代松的不义做法遭到了川端康成家族以及同乡人的唾骂，人们严厉地指责他如此欺负一个未成年的孤儿。事后，川端康成家族同山本家的关系也疏远了。山本千代松自觉有愧，在他临终之前，嘱咐千代要善待川端康成，并归还他五十元以谢罪。千代遵照父亲遗嘱归还了五十元，并邀请川端康成到她家中做客。不久川端康成真的到了千代家做客，千代家热情款待了川端康成，甚至挽留他住了三天。千代家的款待使川端康成如沐春风，心头冰凝稍释，他体会到了一股没有感受过的人间温暖。在他平静的心湖中，荡起了一丝丝感情的涟漪。在后来的交往中他发现千代对他的好仅仅是出于礼貌，对他并无好感。这是他没想到的，原来这一切只是自己的自作多情。

川端康成在第一高等学校读书期间，曾经私自到伊豆岛做短暂的旅行，可以说这是他第一次真正意义上的旅行。1918年10月30

日，川端康成既没向学校请假，也没有跟同学打招呼，直接拿着山本千代归还的五十元钱，离开了学校，径直奔向伊豆岛。在这期间，他邂逅了他生命中第二个"千代"，就是伊豆舞女千代。离开繁华的都市，这个固执的年轻人大步向前。就在从修善寺到汤岛的途中，他和一行巡回演出的艺人相遇，他看到了她，他的眼睛再也无法从她的身上移开，她的一切都显得那么美艳，举手投足、一颦一笑间都充满了诱惑力。当他得知这个舞女也叫千代时，他心中不禁一颤，觉得有点不可思议，但又考虑到叫千代的又不止山本千代一家，随之产生了一种淡淡的情愫。然而由于第一个千代的阴影，刚摆脱第一个千代影子的他顿时又有一种悲观的宿命观，认为自己今生很难逃脱"千代"的诅咒。经过多天观看千代的舞姿，他已不知不觉地沉迷于其中。一个偶然的机会，他们相遇了。他陪伴着巡回演出艺人一行到了汤野。渐渐地，他们熟识了，他了解了她的身世，她也对其他同行人说他是个好人，由此他对她产生了一种纯真的感情。在这种情感的驱使下，他同演出艺人一行人相处了五六天，一直辗转到了位于伊豆半岛南端的下田港。

舞女千代说他是个"好人"对他心灵的触动是相当大的，因为从未有一个年轻女性如此肯定他，这让他忧郁灰暗的内心充满了阳光，从汤野到下田，他一直在想如果他只是作为"好人"与她们结伴而行，如此就足矣。一路上，他沉醉于舞女千代所说的"好人"的自我喜悦之中。几天之后的一个早晨，川端康成决定乘船返回东京，千代送他，还给他买了一些物品。离别时，川端康成心中满是依依不舍，他上了客船，凭栏下望，眼睛饱含深情地盯着舞女，离别痛在心里，写在脸上，刻在眼神里。面对这个对自己有好感的年轻女性，他是真心倾注了感情的，这分离使他热泪盈眶。虽然他们彼此之间都对对方产生了爱慕之情，但他们谁也没有主动地表达出来，仅仅把这段感情保持在相互理解的友情阶段。后来他们也彼此联系过，但都是"短暂"的通信，只是舞女千代的哥哥寄来的几张明信片而已，并在明信片中言说欢迎川端康成到大岛千代家。或许是因为其后的生活有些拮据，或者川端康成认为这仅仅是千代家的礼貌与好意吧，所以一直没有去舞女的家里。之后，他们失去了联系。

川端康成在后来创作的长篇小说《少年》里，记述了他当时在与舞女千代一行人相处时的心境："我二十岁时，同巡回演出艺人一起旅行的五六天，充满了纯洁的感情，分别的时候，我落泪了。这未必仅仅是我对舞女的留恋。就是现在，我也以一种无聊的心情回忆起舞女，莫不是她情窦初开，作为一个女人对我产生了淡淡的爱恋？不过，那时候，我并不这样认为。我自幼就不像一般人，我是在不幸和不自然的环境下成长的。因此，我变成了一个顽固而扭曲了的人，把胆怯的心锁在一个渺小的躯壳里，感到忧郁与苦恼。所以别人对我这样一个人表示好意时，我就感激不尽了。"

如果说这两位"千代"令川端康成心湖中泛起一丝丝涟漪的话，那么这第三个千代则是川端康成对前两位千代的情感上的精神寄托，然而他又自作多情了。因为川端康成与前两位千代虽然算不上恋爱，但是，她们对川端康成的感情生活产生了些许的影响。于是，他为了从前两位千代的阴影中走出来，决定移情于一个酒馆的女侍，后来他得知这个女侍也叫千代，而且即将结婚，只好作罢。

或许是命运的捉弄吧，直到他经历四个名叫"千代"的女子后，命运之神方才放过他。于是，在1920年，刚上大学的川端康成结识了他生命中第四个叫"千代"的女子，并且相知、相爱，掀起了他第一次情感上的风暴。这第四个"千代"，原名伊藤初代，出生于岩手县若松市第四普通小学的勤杂工家庭，老家在江刺郡岩谷堂町，由于家境贫寒，所以她只有小学三年级的文化水平。初代在日本有些方言中读做千代，所以人们习惯于把"初代"也称作"千代"，川端康成也常常把她叫作千代。

初代的母亲过早地离世之后，初代的父亲伊藤忠吉就把初代送回老家了。懂事的初代，为了改善家境，独自一人来到东京谋生。在大都市，她没有亲人，文化水平又不高，只能做一些体力活，所以只能委身于本乡一家咖啡馆当侍者。川端康成与同学经常光顾这家咖啡馆，所以他们很快便相识、相知、相爱了。在两人相恋不久，由父亲做主，初代被岐阜县澄愿寺的主持收为养女，之后便离开了东京前往岐阜了。第二年，川端康成大一结束后，先返回大阪省亲，之后与三明永无前往岐阜见了初代一面。初次来到岐阜的川端康成，面对的是陌生的环境。他们只是在车站附近的旅馆租了一间房子，之后由三明永无前去澄愿寺把初代请至旅馆。这次的会面初代表达了对川端康成的爱慕以及想离开岐阜而追随川端康成的意愿，川端康成第一次感觉到了爱情的美好与温馨，并欣喜若狂地返回东京，告知他的同学他初次获得了爱情的胜利。此后，仿佛心头久积的抑郁和寂寞都烟消云散了，他全心全意地投入到这段感情中。他甚至认为他们两人的感情已经相当成熟，应该趁热打铁，赶紧与初代订立婚约。

当年10月8日，川端康成与三明永无再次来到岐阜。他先是通过三明永无对初代进行了试探，然后亲自与初代订立了初步的婚约。当然就这样匆匆与初代订立婚约还不行，他需得到亲戚川端康成岩次郎的允许，然而川端康成岩次郎却极力反对这桩婚事，原因仅仅出于门第观念，对此，川端康成感到很气愤，谁也不曾想到他会如此激愤。从这点可以看出，川端康成对初代的爱是真心真意的，同时也向世人展示了他强烈的婚姻自主意识。他们的结合遭到了亲戚们的强烈反对，但川端康成仍决心同初代在一起。决心已定，接下来要做的就是取得初代父亲的同意。不久，他同铃木彦次郎、石滨金作、三明永无一同前往初代的家乡，向初代的父亲表达了要与初代结合的意愿，伊藤忠吉拿着他们订婚的照片热泪盈眶，然后点头同意了他们的婚事。

事后，川端康成欣喜若狂地回到东京，并于回到东京的第四天，拜访了菊池宽。川端康成委婉地告知菊池宽他已经订婚的消息。菊池宽得知他将要成婚，担心他会被生活的压力压倒，关切地询问了姑娘的年龄和住处，并表示自己将出国访问一年，他的妻子将回家乡，主动将自己已经预付了一年房租的房子借给他用，还许诺川端康成每个月提供给他五十元生活费。得到恩师的这种厚待是完全出乎意料的，他本来只希望菊池宽帮他介绍一份翻译的工作。出于对菊池宽的敬重，他从未觉得当时他与菊池宽的交情，已经亲切到这种程度，他简直不敢相信自己的耳朵，完全呆住了。随后，川端康成邀请了《新思潮》几位好友到一位同人家中，向他们宣布了他即将与初代完婚的事。

此后，川端康成一门心思地筹备结婚事宜，就在刚订婚不到半个月的一天，他接到初代来信。信中说初代准备同一位遭受家庭逼婚的姑娘一起到东京，请求川端康成给她邮寄车旅费。川端康成心想，不能让这个姑娘前来拖累自己，更不想就这样匆匆地完婚。于是他们在来往的信件中发生了矛盾，初代认为川端康成不够爱她，11月7日她寄给川端康成一封"非常"的信，信中的决绝让川端康成心痛不已。之后，川端康成快马加鞭地赶往岐阜，他见到了初代，初代的状况非常糟糕，于是拍了封电报让三明快速赶来。这对小情侣陷入了情感的漩涡，心中矛盾着，徘徊着。随后，川端康成为了唤醒初代，就写了一封二十余页的信，并委托三明永无将信件和车旅费转交给初代。三明回来后告知川端康成，说初代读了信，心情平静了下来，并决定来年正月前往东京。当月24日，初代又来信说川端康成并不爱她，认为川端康成是在利用金钱玩弄她，还说以后不要再联系了。从此，她恨极了川端康成，她决心忘记他，并将川端康成给她的车旅费如数退还给他。这次婚变是川端康成万万没有想到的，他觉得这是因为初代不够理解他而背叛了他，这着实伤害了川端康成的心。

婚后多年的一个阴雨绵绵的日子，曾拒绝川端康成的爱并离他而去的女子初代不期而至，前来拜访文名日盛的川端康成。川端康成心潮澎湃，但还是竭力保持了平静，并单独与她会了面。夫人秀子对川端康成早年的这一段情事知之甚详，生怕他又旧情复萌。她一边啜泣，一边怒冲冲地说："亏你还高高兴兴地会见她，未免太窝囊了。"遭到妻子的埋怨，川端康成自我解嘲地说："这倒也是啊。也仅此而已。这位妇人已是身心衰败，毫无当年那种自信的风采，她向我诉说了她如今的遭遇，我听了以后，仿佛觉得自己被这位女子看成是个成功者，这才体会到自己这个作家的体面不过是虚饰罢了。"

川端康成邂逅了他生命中的"四个千代"，感情上的不顺令他苦闷不已，心中满是哀伤，"千代"似乎成了他的梦魇，挥之不去。每当回忆浅草时的生活，他都会想起他经历过的感情生活，想起初代，总是痴痴地以为：或许这就是命运的魔咒吧。面对脑海中初代的身影，他该何去何从？他彷徨了。

3. 完成婚姻

1924年3月川端康成毕业于东京帝国大学。当年5月将要进行兵役体检。本来身体就很瘦弱的他，自从与伊藤初代解除婚约后，终日闷闷不乐，健康状况每况愈下。然而，他有着强烈的虚荣心，不愿承认自己瘦弱，更不愿意在征兵体检时被评为不合格，被别人讥笑。因为虚荣心的作怪，他在征兵体检之前一个月，到伊豆温泉疗养，每天坚持吃三个鸡蛋，以强健身体。尽管如此，在体检的时候，体重依然没到四十公斤，在场的军医严厉地斥责了他。本来心中就为身体瘦弱而自卑，外加上相貌不佳，在情场上多次失意，这一斥责严重地伤害了川端康成仅存的自尊。

中国古代哲学家老子在《老子五十八章》中说"祸兮福之所倚，福兮祸之所伏"。意思是祸与福互相依存，可以互相转化。后来常比喻坏事可以引出好的结果，好事也可以引出坏的结果。自与初代决裂以来一年多的时间里，他沉溺于失恋的伤痛之中。值得庆幸的是1926年5月一个偶然的机缘，川端康成在菅忠雄家里遇见了陪伴他一生的伴侣——松林秀子。

秀子出身于青森县三户郡八户町的一个鸡蛋商家庭，父亲名叫松林庆藏，自秀子兄妹成年后，就在家闲居，后来出任消防队队长，在抢救一场大火中殉职。父亲离世后，秀子搬到伯父家住，然而伯父家由于大火的原因只剩下一个仓库，所以伯父家的男性都住在仓库里，女性和孩子都寄宿在伯母的亲戚家里。就在这个时候，在东京的长兄让伯父举家迁往东京，此后秀子在长兄家生活了一年多的时间。

一次，秀子看到《文艺春秋》社招聘职工，就去应聘了，很幸运的是当时的主管见她年轻又身世可怜便录用了她，而后得知她没有住处便又介绍她住进菅忠雄的家里，边工作边料理菅忠雄的家务。正因为如此，秀子才有机会同川端康成相识、相知、相爱。川端康成给秀子留下的第一印象相当深刻，秀子认为川端康成为人诚恳、亲切，而且求知上进，是个极好的青年。此后，他们多次会面，彼此之间有了爱慕之意。就在当年的夏天，川端康成邀秀子一道前往逗子的海边游玩，借此机会川端康成向秀子倾诉了自己对秀子的爱情。就在他对秀子的情感汪洋恣肆之时，菅忠雄患了肺病，前往镰仓疗养，让暂居汤岛的川端康成回到东京住在他家，为他看家，当然这是菅忠雄事先征得秀子的同意之后才做出的决定。川端康成搬过来以后，与秀子朝夕相对，与秀子接触的机会多了，他们彼此之间的有了进一步的了解。

一年之后，他们的爱终于有了结果。对于他们的结合，菅忠雄是一直反对的，反对的理由也是源于门第悬殊的观念。他认为川端康成出身于书香门第，又毕业于鼎鼎大名的东京帝国大学，经过多年执着的拼搏已小有名气，前途一片光明，而秀子无论是哪一样都不及川端康成，他还考虑到秀子父亲可能不会同意这桩婚事。由于菅忠雄也曾有过类似的生活经历，因而不想川端康成重蹈自己的覆辙。但这次，经历了上次婚姻的失败的川端康成却义无反顾地坚持要与秀子结合，作为挚友的横光利一等人也非常支持他们的结合，恩师菊池宽对他们的婚姻也持支持态度，并立即赠上二百元作为礼金。拿到这笔礼金后，本来就喜欢购物的川端康成，替身无一物的秀子买了一批生活用品，而且都是相当昂贵的。很快手头上的钱几乎被花光了，只好把原本打算到日光旅行的计划取消了。

"屋漏偏逢连夜雨"，这个几乎赤贫的家，也会被小偷给惦记着。有一天晚上，小偷突然光顾了他一无所有的家。那天晚上，川端康成躺在床上尚未入眠，隐隐约约地听到隔壁房间里的脚步声。起初他还以为是楼上的梶井下楼来有事。当他看到那人在翻衣服口袋的时候才意识到那人是个小偷，川端康成心想，他那衣服里又没什么钱，任你偷你能偷什么，但转念一想如果小偷把他的衣服了明天穿什么呢？遂又担心起自己的衣服来了。这时，小偷似乎发觉川端康成已经醒了，快步走到川端康成的枕边，低头看了看他，当他们的目光相接的时候，那小偷突然小声说了一句："不可以吗？"回头便逃跑了。川端康成起身追到门口已不见了人影，秀子也被惊醒了。他们检查了所有的衣物，结果是只被偷了一个钱包，并没有损失多少钱，仅仅是一场虚惊。这或许算是他们穷困的生活意外的插曲吧。

秀子在《回忆川端康成》中说，她和川端康成的"婚姻生活"并没有办理结婚手续，就在菅忠雄的家里展开了。直到他们两人同居六年之后，1931年12月2日才办理结婚手续，5日正式入了户。按日本人的风俗，入户之后，妻子要改随丈夫的姓，秀子也便叫作川端秀子了。两人同居后，川端康成在文学上的挚友如横光利一、片冈铁兵、池谷信三郎、石滨金作等几乎每天都会到菅忠雄家里与他谈论文学，有时各自忙着写自己的稿子。秀子则是忙于家务，有时川端康成留他们吃饭，秀子还要为他们做饭，有时则是外出用餐。川端康成不会理财，常常是入不敷出，而秀子的收入也是非常微薄的，就这样维持着这么一个"家"，到最后迫于无奈就把秀子仅有的存款都取出来用掉了。

不久两人搬出菅忠雄家，仅凭川端康成微薄的稿费度日，家中经济拮据，生活十分困难。每个月都会为了房租、水电费发愁，时常拖欠房租，少则一两个月，多则四五个月，因而时常搬家。川端康成在幼时以及少年时代，由于经常参加亲人们的葬礼而成了"参加葬礼的名人"；现在结婚成家了因交不起房租来回搬了许多次家，成了名副其实的"搬家名人"了。

川端康成自从与秀子结合后，夫妻二人几乎形影不离。然而，在川端康成与秀子漫长的共同生活中，却从来没有过与初代的短暂接触中迸发的那种激情。川端康成在前后两次对待婚事的处理方法上截然不同：对初代，他不仅专程前去求婚，而且分别征求初代的养父母和亲生父亲的意见，为此不惜花费时间、精力和金钱，不远万里亲赴东北，还郑重其事地向亲戚和师长请示，一切都不吝繁文缛节，循规蹈矩；对秀子，没有欢欣鼓舞地向人宣布，而是不声不响，一切从简，以至于连自己在人生之路上组成家庭的确切时日都了无印象。同初代，从订婚到毁约短短一个月的时间，在生命的长河中只是一瞬，但感情已臻永恒，在此后数年留下了一连串纪念初代的作品；同秀子，朝夕相处无数个日日夜夜，却没有为她留下深情款款的文字。对于婚姻，川端康成说过，"能让我保持童心的女性，就是我理想的妻子"。可是，他认为自己从来"不曾有过所谓童心"，也就是说秀子或许并不是他理想的妻子。他们水到渠成的婚姻只不过正好填补了川端当时因失去初代而久久不散的空虚，但随着这空虚在日益紧张的创作生涯中被挤压、缩小，川端的真情所向就日渐清晰起来。

两人婚后的几年时间里，川端秀子多次流产，只产一女婴，但秀子还未来得及见上一面，女婴便夭折了，只有川端康成见了一面。生活上的拮据，加上川端康成当时没有工作，仅靠写作维持生计，秀子的住院费都无力支付，多亏了池谷信三郎典当了妻子的首饰，总算帮助川端康成结清了秀子住院的费用。后来两人一直没有生育过，只收养了政子为养女，政子是川端康成表兄黑田秀孝的第三个女儿，政子在被川端康成家领养的时候，已经12岁，由此，川端康成家一系血脉便从川端康成这一代断绝了。川端康成自幼失去双亲，接着便失去了祖母、姐姐，在14岁上又痛失相依为命的祖父，他一直生活在一个不完整的家庭里。直到收养了政子，第一次有了一个真正意义上完整的家，也真正体会到了家的温馨与幸福，结束了自祖父离开人世后近20年只身漂泊的生涯。

第四章　探索『新感覚』

1. 关于新感觉派

新感觉派是日本20世纪20年代初出现的一个文学流派。第一次世界大战结束以后，日本经济得到恢复和发展，但1920年爆发了经济危机，1923年又发生了关东大地震，东京、横滨等主要城市化为一片焦土，死伤二十多万人，经济损失高达百亿元，酿成了空前的悲剧，严重地打击了日本的政治和经济，给社会生活造成了严重的困难，社会上蔓延着虚无和绝望的思想以及西方贪图瞬间快乐的风气。在文学上，达达派、未来派、表现派、构成派等先锋派文艺思潮相继泛滥起来，而盛行一时的自然主义文学出现了衰退的趋向，无产阶级文学开始兴起。这些都成为新感觉派形成和发展的条件。

1924年3月，川端康成大学毕业后，开始了作为专职作家的职业生涯。之后与横光利一、中河与一、今东光、片冈铁兵、十一谷义三郎、佐佐木茂索、佐佐木味津三、伊藤贵磨、石滨金作、菅忠雄、加宫贵一、诹访三郎、铃木彦次郎等14名新晋作家在菊池宽的支持下，以《文艺春秋》为后盾，创办了同人杂志《文艺时代》，开始新感觉文学运动，以对抗自然主义文学的衰落和无产阶级文学的兴起。一般认为新感觉派属于日本第一批现代派。《文艺时代》这个名字是由川端康成起的，《文艺时代》的《发刊词》也是出自川端康成之手。在《发刊词》中他这样写道："《文艺时代》诞生的目的，是新作家对老作家的挑战，可以说它是一场破坏既有文坛的运动。""我们的责任是革新文艺，从而从根本上革新人生中的文艺和艺术观念。"以后岸田国士、南幸夫、酒井真人、稻垣足穗、三宅几三郎等也相继加入。著名评论家千叶龟雄在1924年11月号《世纪》杂志上，以"新感觉派的诞生"为题发表文章，指出"所谓文艺时代派所具有的感觉，远比以往表现出来的任何感觉艺术都新颖，无论在语汇、诗或韵律节奏感方面都很生动"。这一流派因此被称为新感觉派。

此后，新感觉派作为日本创立最早的现代主义流派而登上历史舞台，在当时日本文坛上形成了与自然主义文学、无产阶级文学三足鼎立的局面。在日本文学史上，文学史家们一般认为，新感觉派的诞生和无产阶级文学的勃兴，揭开了日本现代文学的序幕。以川端康成和横光利一为代表的新感觉派文学，主要通过主观感情和自我感受，反映当时日本社会分崩离析的状况，以及人们在激变中的感情波折、反常心理和颓废精神，这就构成了新感觉派主要的思想特征：表现那个严重混乱的社会，人的生存基本关系，以及人的生存价值和意义。

同时新感觉派使用象征和暗示的手法，通过人在刹那间的主观感受，来揭示人与人之间的基本关系和人生价值。新感觉派还通过新奇的文体和华丽的辞藻，来表现主观感觉中的外部世界，此外，这一流派的作家们还使用拟人手法，将作者主观的东西，作者的思想感情融入对象之中，使之生命化、性格化。

新感觉派认为，第一次世界大战后物质文明迅速发展，人们要以视觉、听觉来认识世界和表现世界，即以感性认识论作为出发点，依靠直观来把握事物的本质。因此，他们主张追求新的感觉和对事物的新的感受方法，然后再给现实做精美的加工。他们认为艺术家的任务是描写人的内心世界，而非表面的现实；他们强调主观和直感的作用，认为文学的象征远比现实重要。他们否定一切旧的传统形式，主张进行所谓文体改革和技巧革新。新感觉派的主要代表是横光利一。他的《太阳》(1923年)描写许多王子把上古邪马台国女王卑弥呼看作是"太阳"，为她的美丽而倾倒；《蝇》(1923年)描写一辆载满乘客的马车，坠入深渊，这时马背上一只大眼苍蝇，悠然飞向蓝色的天空。这两部作品开创了这一流派的创作道路。特别是他的《头与腹》中的"白天，特别快车满载着乘客全速奔驰，沿线的小站好像一块块石头被它抛在后头"一句，被称为名句，是新感觉派具有代表性的文体。此外，川端康成在这一阶段创作的《浅草的少男少女》、《梅花的雄蕊》，今东光的《瘦削的新娘子》，中河与一的《冰冷的舞场》，片冈铁兵的《鬼魂船》，佐佐木茂索的《困惑的人们》等作品，它们的主要特色是：通过刹那间的感觉，用象征和暗示的手法，来表现人的生存价值和存在意义；根据主观感觉把握外部世界，运用想象构成新的现实，然后通过新奇的文体和辞藻加以表达；大量使用感性的表达方式，描绘人物纤细的感情和心理活动。一般认为，新感觉派作家们也各有特点，横光利一是从理智的感觉出发，川端康成是从感情的感觉出发，而中河与一、片冈铁兵等则强调神经感觉的意义和享受。

新感觉派于1925至1926年发展到高峰。然而，新感觉派运动在日本现代文学史上只是昙花一现。仅凭感觉的"摄影机"去反映现实，使这一流派日益陷入形式主义的绝境。很快，新感觉派就在浪尖开始分流，作家们或是退出转向，或是才思枯竭。《文艺时代》在沦落到七成退货的境地之后也于1927年4月宣布停刊，总共只发行了三十二期。后来由于无产阶级文学运动蓬勃兴起，片冈铁兵、今东光、铃木彦次郎等青年作家纷纷转向左翼文学，川端康成和横光利一则倾向新心理主义，中河与一等则主张形式主义。新感觉派的活动遂告结束。

中国的新感觉派是在日本新感觉派的影响下，在20世纪30年代步其后尘发展起来的。它的产生，既是世界性的现代主义思潮对中国新文学冲击的一种反馈，又是20世纪30年代那个特定的历史时期的阶级矛盾和民族危机空前激化的结果。主要作家有施蛰存、刘呐鸥、穆时英，此外还有黑婴、禾金等。1928年刘呐鸥创办《无轨列车》半月刊，开始了对日本新感觉主义文学的介绍，1932年至1935年，施蛰存主编大型文学期刊《现代》，为新感觉派小说提供了重要的发表阵地，新感觉派小说得以成长。新感觉派小说吸取来自日本新感觉派小说的立体化、动态化、感觉外化的语言表达方法，借鉴了来自西方的意识流的小说结构和人物塑造的方法，创造出独特的心理型的小说流行用语和特殊的修辞，使自己和第一代的海派文学有了本质的区别，超越了通俗文学，成为中国最早最完整的一支现代小说流派。

2. "中流砥柱"

千叶龟雄《新感觉派的诞生》的发表，令川端康成和横光利一、片冈铁兵、中河与一等人欢欣鼓舞，他们更加积极地探索，更加大胆地写作。在欣喜的同时，千叶龟雄的观点也引起了《文艺时代》内部的不同人士的反应，遭到了当时文坛上著名作家广津和郎、生田长江、宇野浩二等人的批判，认为他们的神经和感觉是病态的、异常的，他们的精神状态也是颓废的。此外，广津和郎还发表专门的文章，全面否定新感觉派的观点，在《关于新感觉主义》一文中谴责道："他们的人生观，用一句话来说，就是人类在走向毁灭，这是一切历史都在证明的，所以在走向毁灭之前，人要为感觉上的享乐而活。"并坚持认为新感觉派"绝不是新的东西"，"是一种痼疾，是心灵和肉体上的一种缺陷"。生田长江也撰文对新感觉派进行了批判，他在《赐予文坛的新时代》一文中指责道："感觉主义追求生硬的、卑俗的，乃至颓废的感觉快乐的倾向。"

面对诸多著名作家的发难，新感觉派的成员们连续发表了一系列反驳文章予以回击，并借着论争之机建立了自身的理论体系。

如川端康成的《新晋作家的新倾向解说》、《新感觉派辩》，横光利一的《感觉活动》，片冈铁兵的《告青年读者》、《新感觉派的主张》等，都明确而又系统地阐述了新感觉派在文学上的主张。当初，他们因不满于文坛现状而喊出"新文艺"口号以抗衡既有的旧文艺，但当他们面对广津和郎等人的发难，他们才发现他们向"既有文坛"提出的"新文艺"的实质内容和含义无论在理论上或形式上都没有作具体的诠释，但通过这场大论战新感觉派作家们逐步建立了自身的理论体系，而且在一定程度上是有意识地在这场大论争中强化了千叶龟雄所描述的"新感觉"倾向，或是向千叶龟雄的论述靠拢，从某种程度上说，这场大论战促使新感觉派"新感觉"的自我觉醒。

"我是怠惰的，主要由川端康成君一个人奋斗。"片冈铁兵如是说。可见在反驳广津和郎等人的大论战中，川端康成起到了中流砥柱的作用，他的理论思想成为新感觉派重要的理论基础。在川端康成《新晋作家的新倾向解说》一文中，表述了"新感觉"在内容与形式上都达到了哲学的统一，此外有关表现主义的认识论和达达主义的思想表达方法等问题的阐释也相当细致，并把这两种思想作为新感觉表现的理论根基。他的主要理论观点如下：

第一，对现实世界的客观性予以否定，认为唯一的真实是来自个人的主观性，因而强调文艺是表现"自我"的文艺；是"新的感觉"，即"新文艺"。

第二，强调在文艺创作中感性高于理性，主要是表现自我感受和主观感情，全面否定理性作用。认为个人的主观意识能够取代理性认识。

第三，文艺的内容是表现与感觉，脱离表现与感觉就不存在所谓的文艺内容，表现是感觉的内容，感觉是表现的方式。

第四，全面否定传承日本文学传统，并主张全盘接受西方现代主义文学，即"文艺革新"。

虽然《新晋作家的新倾向解说》一文中表述的文艺观点不够全面，从某种程度上说是片面的，但此文"在一定程度上规定了新感觉派作家的创作方法和运动方向"，奠定了新感觉派继续探索的理论基石。由此可见，川端康成是相当重视文艺的革新与创作中主观性的表达，理清了"新感觉"的思路，树立了新的目标。

1925年夏，川端康成迫于生活上的苦闷，以及为了冷静地重估文坛现状中新感觉派所充当的角色，离开东京前往伊豆，此时正是关于新感觉派问题的论战达到高潮的时候。11月，他在《万朝报》上发表了文艺评论性文章，其中说道："岂止新感觉时代没有过去，连自然主义也没有从文坛上消失。表面上无产阶级文学理论似乎被报刊忘却了，实际上问题远远没有解决。就新感觉派的问题来说，过去报刊曾作为流行的题目加以报道，而这一年至少有点厌倦了。出现这种情况，也是自然的吧。其实，这些问题的讨论远远没有终结。所以新感觉派不能梦想用一些理论就能把他们的文学理论驳倒。"

除了理论上的建树，川端康成这一时期同横光利一一起担当新感觉派的文学主将，被诸多日本文学评论家誉为新感觉派的"双璧"，虽同为主将，但他们二人无论是在理论上还是创作上的侧重点都是不同的。在新感觉派探索运动中，川端康成在文艺理论上的成就较为突出，其间，他除了掌篇小说集《感情装饰》、短篇小说《梅花的雄蕊》和中篇小说《浅草红团》外，其他具有新感觉派特征的作品是微乎其微的。川端康成本人对此也坦言："我的作品中新感觉成分并不浓厚。"横光利一则是更侧重于在实践中的创作，就如川端康成本人所说的"新感觉派的时代，是横光利一的时代"，他也是日本文学界公认的"新感觉派"的心脏和灵魂，横光利一充当了新感觉派文学创作实践的旗手，他的主要作品有《蝇》、《太阳》、《头与腹》、《静静的罗列》、《春天马车曲》、《拿破仑与疥癣》以及《上海》等。而当时横光利一的作品代表了新感觉派文学，文坛上几乎所有对于新感觉派作品的评论都是横光利一的，甚至有一种说法就是"假如没有横光利一及其作品的存在，也许就没有新感觉派的名字，也没有新感觉派运动"。在创作实践中，新感觉派引进西方现代派的创作手法并化为己用。横光利一曾袒露："未来派、表现派、立体派、象征派、达达派、构成派，以及如实派一部分，都属于新感觉派。"川端康成在批驳一些评论家指责新感觉派的《答诸家的诡辩》一文中也表达了同横光利一相同的观点。以横光利一和川端康成为代表的新感觉派文学，通过主观感情和自我感受，反映当时日本社会矛盾重重的状况，以及人们在社会剧变中的情感状况、反常的人性心理和精神上的颓废，体现了人们生存的困苦，以证明人存在的意义和价值，这构成了新感觉派的主要的思想特征。有些"闲人"评论家甚至把他们的作品放在一起比较，但他们之间没有可比性。

此外，川端康成与横光利一的私交也颇为密切，他们之间的交往在日本文学史上被传为美谈。横光利一与川端康成的结识，还是承蒙前辈作家菊池宽的热情引荐。一天傍晚，菊池在家中设宴，请横光利一和川端康成吃牛肉火锅。当时二人都穷困潦倒，而横光利一比川端康成更甚，不过他始终坚韧地熬着，绝不轻易给人添麻烦，不像川端康成那样四处借钱。席间，几乎一直没动筷子的横光利一，在谈起小说构思时，声音渐渐响亮起来。谈着谈着，他突然大摇大摆地走到路边的一个橱窗前，把那块玻璃当作医院的墙壁，模仿病人身体贴着墙壁慢慢倒下的样子。这一幕给川端康成留下了极为深刻的第一印象，他从横光利一激烈有力的谈风之中感觉到一种逼人的凛然之气。横光利一告辞后，菊池对川端康成说："那是个了不起的男人，和他交个朋友吧。"川端康成专门将此事记录在了《文学自序传》中。后来，两人成为莫逆之交，横光利一主动把川端康成推荐给另一些同人杂志，并且多方斡旋促成改造社出版了川端康成的成套作品。在很长一段时间里，川端康成的名字总是紧随于横光利一之后。川端康成本人在《文学自序传》中说："一提起横光利一氏，人们马上会联想到其后的川端康成，这已成了一般的习惯……要是没有横光利一的友情，是绝对形成不了这种习惯的。"这一切，对初登文坛的川端康成来说是一个很大的推动，所以川端康成把菊池和横光利一并称为他的两大恩人。

3. 早期的主要作品

　　新感觉派无论是在内容还是在形式上都力求创新，重视主观的表现，在艺术上多采用象征手法，在实践中不断挖掘，积累创作经验，为日本现代文学注入了新的活力。川端康成作为新感觉派代表作家之一，除了理论上的建树，在作品上的探索也是相当成功的。他在理论上既主张意识的第一性，也主张反对继承日本的文化传统，同时认为在创作过程中感性高于理性。然而，在实际的操作过程中，他这一时期的作品也有意识地带有浓重的现实主义，也反映了一些日本独有的传统特质。因而他后来转向了新心理主义，宣告了他的主张在理论上的失败，但是他在探索写作实践上却独树一帜。有些评论家把川端康成早期的作品分为两大类：一类叫作伊豆系列作品，代表作是《伊豆的舞女》；一类叫作浅草系列作品，代表作是《浅草红团》。

　　伊豆是日本的旅游胜地，是个充满各种魅力的地方。温泉、海鲜、土特产、历史、自然，伊豆以其得天独厚的自然风光与资源以及浓厚的人文气息而享誉亚洲。有人说伊豆是日本的缩影，更是诗人之国，哺育了众多的诗人和作家，成为作家们梦寐以求的居住圣地。伊豆是川端康成真正意义上体会到爱与痛的地方，他艳羡、渴望这种情感，对舞女千代在较长一段时间里一直是魂牵梦萦。而以舞女千代为原型的小说《伊豆的舞女》则是一篇杰出的中篇小说，可以说伊豆是孕育《伊豆的舞女》的摇篮。作为川端康成早期的代表作，川端康成在《伊豆的舞女》中为我们创造了美的抒情世界，于1926年1月至2月间由《文艺时代》发表。

《伊豆的舞女》主要素材来源于1918年川端康成去伊豆半岛旅行的一次经历，川端康成既享受了伊豆自然醇正的美，又邂逅了舞女千代，在他心中这次颇具恋爱感觉的旅途中，舞女千代给他留下的印象是毕生难忘的。他在1919年6月第一高等学校文艺部《校友会杂志》上发表的短篇小说《千代》以及1922年7月汤岛归来后写下的《汤岛的回忆》中，都涉及与舞女千代邂逅的故事。之后于1923年写就的《南方的火》、《日影》、《非常》等小说表面上流露出恋爱失意的心情，而从内心深处更加眷恋伊豆的舞女。1924年发表的《篝火》中也有舞女千代的影子。

对于创作《伊豆的舞女》的原因，川端康成在《伊豆的舞女》中作了解答："我已是二十岁了。再三严格自省，自己的性情被孤儿的气质扭曲了。我不堪那种令人窒息的忧郁，才出来伊豆旅行的。因此有人从一般社会意义上来看待自己是个好人，我就感激不尽了。"在他之前创作的《汤岛的回忆》中也坦言："我在伊豆尝到的，首先是旅情，其次是伊豆的乡村风光，第三是正直的好意。"川端康成与舞女千代相处的日子成为他毕生难忘的时光，他们有了更深层次的了解后，彼此惺惺相惜，建立真挚、纯洁的友谊。事后，他把这段经历进行艺术的加工，便是我们现在所见到的《伊豆的舞女》了。

只有有了真情才能有实感，川端康成与舞女的邂逅虽是偶然，但他是动了真情的。要不是川端康成情出于心，再加上久积的忧郁压在心头，他也不会将满腔的激情流于笔尖，我们也看不到如此美文——《伊豆的舞女》了。就如他本人说，在他的创作生涯中"未能盼来像《伊豆的舞女》这样深受欢迎的作品。光凭作家的素质和才华，是不能赋予的。以《伊豆的舞女》来说，同巡回艺人的邂逅，促使我写出这篇作品来"。

《伊豆的舞女》主要内容是："我"作为一名东京高等学校的学生，为了排遣心头窒息的忧郁，在二十岁那年的秋天独自前往伊豆旅行。在途中，与一群巡回演出卖艺的艺人相遇，并邂逅了14岁的舞女薰子。同行的人分别是薰子的哥哥荣吉、薰子的嫂子千代子、荣吉的岳母和百合子。在四天的旅程中"我们"结伴而行，渐渐地，"我们"建立了纯真的友谊和信任。特别是"我"和14岁的舞女薰子之间产生了纯洁而朦胧的爱情，旅行结束了，"我"站在返校的船头，望着荣吉和薰子挥手道别，望着伊豆半岛在渐渐消失，产生了无限的惆怅和眷恋。小说以"我"为中心，以"我"的所见、所闻和所感以及"我"同巡回演出艺人们在旅途中的交往为主线，以"我"对薰子的关注、好感、关心和朦胧的爱情构成全篇的结构。小说成功地塑造了舞女薰子的少女形象，薰子的清纯、善良、活泼可爱而又童心未泯表现了下层劳动人民的美好品质，反映了川端康成对弱势人群的关注与同情，也体现了作者的社会平等意识，小说为我们生动地展示了一幅20世纪20年代日本社会广阔的风俗画卷。川端康成在《伊豆的舞女》中营造了一种抒情性的悲哀美，力图宣泄心头久积的压抑的情感，以达到心灵的净化，并通过这种完全纯化了的感情来恢复人的本来的自然性。

在《伊豆的舞女》中，作者脱离了自己为新感觉派所奠定的理论基石，可以说这是川端康成在创作道路上一次成功的背离。《伊豆的舞女》幽雅纤细、颇具女性美感的风格明显地继承了平安文学的传统，并通过这种幽雅纤细和柔美的文字张力表现内在的悲痛与哀愁，其幽远而郁结的情感的外现，也是日本式的情感的自然流露。此外，作者就故事中的生活场景用其简练而娴熟的笔法勾勒，人物的外部特征与心理活动则刻画得朴实与细腻，可以说是天衣无缝，然而无论是生活场景还是人物的外部特征与心理活动都是为了揭示人物性格特征和塑造人物形象。这一点得益于日本古典文学传统对于自然风物表现出的敏锐的感觉，而这一传统往往与爱情相结合。

《伊豆的舞女》与公众见面后，反响强烈，日本文学界更是给予了高度的评价，誉之为"昭和时代的青春之歌"，这部作品被公认为川端康成文学历程中的里程碑。《伊豆的舞女》的问世不仅是川端康成个人创作史上的一次重大事件，也奠定了他在日本文学史上的地位。此外，小说问世后不久，文部省就把它选入中学语文教科书里。社会上掀起了一股"《伊豆的舞女》热"，从文中记叙的点心、包子等食品到纪念碑等，就连伊豆半岛也成了人们关注的热点，文人墨客更是纷至沓来。《伊豆的舞女》先后五次被改编成电影，还多次被改编成广播剧和电视剧，读者群不断在扩大，影响也日益深远。

川端康成在《伊豆的舞女》的创作手法上突破了初期文学创作的写实，也不同于新感觉派"新文艺"的追求小说文体的华丽，他重新开拓和铺就一条新的创作道路，即运用日本古典文学的传统美和技法表现日本文学的特质，从中挖掘日本传统中的有益成分，形成自己在艺术上的个性。这一点对于川端康成后来的创作影响是巨大的。可以这么说，以《伊豆的舞女》为界，川端康成成功地开辟了体现日本文学传统特质的创作道路。

川端康成的早期作品除了伊豆系列作品中《伊豆的舞女》最具代表性外，浅草系列作品中比较有分量的就要数《浅草红团》及其续篇了，当然，《浅草红团》也是川端康成在文坛上真正意义上引起关注的作品。川端康成在《浅草红团》中为我们描绘了一幅浅草的风俗画卷，是千百年来浅草的缩影。这里，曾经是川端康成生活的地方，也是他在失意之时以及经济上陷入困境之时前来游逛的地方，因此，他与浅草结下了不解的情缘。那个时候的浅草代表着浮华与颓废，在浅草方圆百里之内生活着各色人等，人物角色纷杂难辨，他们从事着不同的职业，十分热闹。这里是人间天堂，也是地狱，每天上演着不同的喜怒哀乐，既是杂技、说书、魔术、相声、少女舞蹈之类杂耍艺人的乐园，也是滋生流氓、地痞、乞丐、盗贼、娼妇的温床。因此，曾有人把浅草比作新中国成立前北京的天桥。

川端康成另一个对浅草解不开的情结就是，这里是他与初代（第四个千代）相识、相知、相爱直到订婚的地方。在与初代解除婚约之后，当他再一次来到浅草这个地方时就会勾起他对初代淡淡的思念与牵挂。而后，在这里他还从舞女梅园龙子身上看到了舞女千代的影子。因此，浅草是使他重燃旧情的地方，故而他对浅草有一种特殊的感情。

那个时候的川端康成每年都要到伊豆的汤岛旅行散心，以驱除由于生活上的遭遇而滋生的烦恼，有时候待在汤岛的时间长达一年之久。后来陷入了经济上的困顿，索性不再前往汤岛，而是到位于东京一隅的浅草。1917年的夏天因备考第一高等学校的入学考试曾寄宿在浅草藏前的一位伯母家。在第一高等学校以及东京帝国大学读书期间，他也时常流连于浅草的风物。在那几年中，他几乎走遍了浅草的每一寸土地，有的时候甚至是通宵达旦地在那里游玩。他爱慕歌剧女演员，如痴如醉，流连忘返，时常还拉着挚友石滨金作、今东光等人一同前往。然而由于自己的内向木讷，不曾接触过任何的歌剧女演员，甚至就在他写《浅草红团》之前也不曾正式采访过一个少女艺人，更谈不上对她们有进一步的了解。

之后，他通过岛村龙二到后台与一些舞女攀谈过，她们是望月美惠子、梅园龙子和山路照子三人。除此之外，川端康成创作的素材主要通过视觉上的感受，以及心灵的体察，用爱与生命观照他们的情感。对此，他也承认道："我外出旅行，到了旅馆，一安顿下来，就立即走遍当地每个角落，这种习惯至今也未改变。但是我觉得浅草比银座，贫民窟比公馆街，烟草女工下班比学校女生放学，更带有抒情性。她们粗犷的美，吸引着我。我爱看江川的杂技踩球、马戏、魔术以及听说书的讲因果报应，我对所有在浅草的简陋戏栅演出的冒牌马戏团都感兴趣……可能是由于我是个孤儿，是个无家可归的人，哀伤、漂泊的思绪缠绵不断。我总是在做梦。无论什么梦都不能使我依恋，一边做梦一边就苏醒，大概是我喜欢穷街陋巷而被人愚弄了吧。"

浅草对于出身农村的川端康成来说，更是别具魅力，浅草下层的民间艺人是他非常熟悉的人物。他早期的创作素材大都来源于浅草，因此，浅草铺就了他的文学舞台。川端康成本人也透露创作《浅草红团》的一大诱因，是以浅草为题材的作品能够勾起读者的好奇心。在《伊豆的舞女》完稿之后，接下来就计划要写一部以浅草为故事中心的作品，加之好友十一谷义三郎、片冈铁兵鼓励并向《朝日新闻》举荐，于是便有了《浅草红团》的问世。1929年12月12日，《浅草红团》开始在《朝日新闻》晚刊上连载。由于种种原因在《朝日新闻》上连载到三十七回便改由《新潮》、《改造》杂志发表，直至1930年9月连载完毕。《浅草红团》一改过去风格的，并不从正面写浅草那些不良的少年，以及相关的伤风败俗之事，而是把几乎全部的注意力都集中到生活和挣扎在浅草下层的少女们身上，从而揭示了她们的性格、不平的境遇和命运。这部小说的结构特色，不像其他的普通小说那样以特定的人物作为主人公深入展开，其中的最主要的人物原型都是浅草现实中实实在在活着的各式人物，故事情节多线化。

《浅草红团》问世给浅草带来了前所未有的"轻歌舞剧时代"，也使浅草的娱乐业达到空前的兴盛。新闻媒体争相报道关于浅草的动态，文人墨客的双脚也被浅草的魅力所吸引，诸多的官僚以及商界的大亨也纷至沓来，仿佛是在企图从中汲取生命的养料。这时，以前无人问津的浅草，现在关于它的研究专著也出现了。川端康成仿佛是一股新鲜的空气注入日本本已污浊不堪的社会里，因此他也名噪一时，风靡全国。《浅草红团》中浅草原汁原味的乡土风俗对于全日本来说都是一个诱惑，大批的读者涌向了浅草。对于《浅草红团》问世后的反响，川端康成本人也大感意外，几乎完全出乎他的预期，他甚至认为《浅草红团》才是他真正的成名之作，而不是《伊豆的舞女》。因为《浅草红团》刚一问世就取得了极大的社会反响，而《伊豆的舞女》则是问世很久以后才引起社会的巨大轰动效应。

时代在变，浅草也在变。浅草已在繁荣的"轻歌舞剧时代"的光环下日渐淡出人们的视野，因此川端康成就不能再按照原来计划的写作提纲来写。所以在写续篇的时候他是随心所欲来写的，并没有制定详细的写作计划，只是做了一个简单的写作大纲。这种写作方式使得川端康成在写续篇的时候了有更大的自由发挥的空间，仅凭着心中的感觉去写，任由想象自由地驰骋，洋洋洒洒、娓娓道来，一发不可收。浅草的变化使川端康成不得不在写作续篇的时候改变与前篇的衔接，也不可能按照之前的故事脉络继续下去，因此，他只能另辟蹊径。回忆起当年的情景的同时也反复调阅自己之前记录浅草事件的手稿，川端康成把目标锁定在浅草节这一环节，并以"浅草节"为新书的篇名。决定之后便着手写作，从1934年9月至1935年2月在《文艺》杂志上连载。评论界在处理《浅草红团》和《浅草节》时通常持两种态度：一种观点是将二者作为一篇完整小说处理；一种观点则是两篇是彼此独立的篇章。在这期间，他相继完成了《浅草日记》、《浅草的姐妹》、《浅草的八哥鸟》等以浅草为题材的中短篇小说的创作。

第五章　战争中的川端康成

1. 反战文人的斗争

1937年7月7日，日本侵略者以在华军演失踪了一名士兵为借口，要求进入桥边的宛平县城（今卢沟桥镇）搜查，遭到拒绝后，就向宛平县城和卢沟桥开枪开炮。7月8日早晨，日军包围了宛平县城，并向卢沟桥中国驻军发起进攻，揭开了日军全面侵华的序幕。

在日本国内，法西斯势力抬头，少壮派军官先后于1932年5月15日和1936年2月26日发动了两次武装政变，企图以战争的方式来转嫁危机和转移国内人民的视线。为了进一步做好侵略战争的准备，法西斯当局推行"战时新体制"和"国家总动员令"的政策，强行解散进步政党、社团和工会组织，对进步人士进行镇压。同时，为了钳制人民的思想和言论，控制舆论界和文艺界，设立内阁情报局，推行特务统治。面对国内的白色恐怖，日本人民和民主人士为此展开了不屈不挠的斗争，不少进步作家也加入了斗争的行列，比较著名的有小林多喜二、宫本百合子、崎润一郎、永井荷风等人。

现实主义作家石川达三于1938年前往中国一线战场进行实地采访，写就《活着的士兵》一书，书中反映了日本驻华军队的种种暴行，并亲眼目睹了南京大屠杀中中国平民的惨状。小说遭到当局的查禁，作者本人也因此而被判刑。事后，许多作家被检举而被捕入狱，日本文坛遭受了严重的冲击，更多的作家选择了无言地抵抗。此后，有些立场不坚定的作家开始转向了反动当局，成为当局的御用文人和走狗，"报国文学"、"国策文学"风靡一时。就连川端康成的朋友久米正雄、片冈铁兵、菊池宽等也不堪当局的诱惑而应征入伍，加入了"笔杆子部队"，浩浩荡荡地远赴中国，鼓吹军国主义。当时的日本文坛，正如后来的一些评论家所说的："全日本文学都穿上了茶褐色的军服"。

当时文坛上的作家们面对反动当局的政治高压，不外乎有三种立场：要么起来反抗，或流血牺牲，或被捕入狱，或流亡国外；要么保持沉默地中立，以期动荡早些过去；要么成为当局推行军国主义宣传的工具。川端康成在热海的家曾经成为当时许多文人逃避追捕的避难所，他对于敢于反抗的进步作家总是怀有崇高的敬意和同情。

在政治高压面前，文艺的发展变得畸形。由于日本法西斯当局强烈干预日本文艺界并对其进行残酷的镇压，无产阶级文学运动在这种情况下转入低潮，整个日本文坛陷入前所未有的危机局面，诸多作家的作品横遭查禁。川端康成也参加了于1933年由日本文艺界人士三木清、丰岛与志雄等七十多人发起成立的"学艺自由同盟"，尽管当时的条件极其艰难，但是他们为了维护创作自由，进行着抗争。就在"学艺自由同盟"成立的同年，川端康成同宇野浩二、广津和郎等人发起并创办了同人杂志《文学界》，其宗旨是维护创作自由，他们之中的多数人主张艺术不应依附于政治。《文学界》成立后成为当时文坛的一股重要力量，同时也为文艺界推荐和输送了一批文艺新人。川端康成在《文学界》创刊号的编后记中认为：日本"文艺复兴萌芽了"，从此"文艺复兴"的新动向被写入日本现代文学史。

作为成分复杂的《文学界》，其同人中也有各种不同的政治倾向和文学流派，这就为后期的分化埋下了伏笔。在政治上表现为歌颂反动当局和批判时政两种倾向；在文学流派上，分别有无产阶级的代表作家、自由主义的代表作家、现实主义的代表作家、艺术至上主义代表作家。表面上虽然团结，但实际上明争暗斗，分裂的迹象也日趋明显。在日本帝国主义全面侵华之后，《文学界》中的少数作家公开支持当局推行的军国主义的战争政策，开始鼓吹战争，美化战争，为侵略战争作辩护，企图把《文学界》变为他们宣传军国主义的工具与阵地。但大多数作家则努力维持创办《文学界》时的宗旨，对军国主义思想保持有限度的抵制。

1934年初，内务省警保局局长松本学打着"文艺复兴"的旗号，拉拢诸多知名作家成立了"文艺恳谈会"，企图通过这个组织，达到政府对文艺界的监控和钳制的目的。川端康成也出乎意料地"被列名"于"文艺恳谈会"的花名册上，在收到松本学的请柬后，川端康成感到意外，"觉得不可思议"。由于他事前对"文艺恳谈会"的成立、性质和目的一无所知，自己既没有报名，也没有要求参加，所以只能用"列名"而不能用"参加"。在出席第一次聚会时，松本学就宣布"文艺恳谈会"成立。川端康成"被列名"

几个月之后，他在《文学自传》中说道："出席成立'文艺恳谈会'那天，连我都大吃一惊。那次聚会，我预先毫无所闻，列名的会员也全不认识。"推辞说"不能参加与内务省或文部省有关联的工作"，并表示"总想失去自己，有时却失去不了。我主动参加的，只有《文艺时代》"。因此，他表态说"要等待时机辞退"。川端康成在对待"文艺恳谈会"和松本学的问题上是自我矛盾的。当学界揭露"文艺恳谈会"打着"文艺复兴"的招牌以拉拢学界的文人，而实际上则是由松本学控制下的右翼文化团体"日本文化联盟"衍生出来的，川端康成一方面态度坚决地说道："该会是松本担任斋藤内阁警保局长时代成立的，联系当时的时局来考虑，这种怀疑是很自然的，没有必要代该会答辩"；另一方面却为松本学辩解，相信松本学是"反对控制文艺的"，"松本唯一的条件，就是不赞成不否定日本国体的文艺"，"今后他就是站在国家政权的重要位置上，恐怕也不会实行控制文艺的政策"，"如果当权者和财阀想统治文艺的话，靠松本的恳谈会，那是下策"。

作为"文艺恳谈会"会员之一的佐藤春夫在报纸上公开指出，"文艺恳谈会"背后明显地有人在操控，呼吁文艺界提高对这"背后力量"的警惕，并怀疑松本学拒绝给无产阶级作家岛木健作发奖理由的真实性，遂公开声明退出"文艺恳谈会"。这时，川端康成对于"文艺恳谈会"和松本学还抱有幻想，他表示：不发奖给岛木，"作为文艺家来说，这是一种妥协，从理想退却了好几步"，"要等待弄清真相，然后决定退不退会"。但随即又表示："大概是由于松本预先没有说清楚'文艺恳谈会'不能奖给'否定国体的文艺'，'文艺恳谈会'不想超越检查制度去压迫无产阶级文学，但也没有想去奖励它"，同时也"希望这个会不只是在文坛上存在，也希望它能在社会上存在"。但在执笔时，川端康成还是相信自己的，并没有与"文艺恳谈会"沆瀣一气，而是"自己也就要求按照自己的习惯来写"，"并不是无条件地赞成恳谈会的"。"文艺恳谈会"对于川端康成来说可以说是"鸡肋"，既不满它的专制又依赖于它。1937年"第三届文艺恳谈会奖"授予他的作品《雪国》时，他并没有拒绝也没有表示欣喜，只是用所得的奖金为自己置办了一处别墅。后来人们研究这一时期他的这种做法后感到奇怪，美国的日本文学研究专家唐纳德·金认为川端康成对"文艺恳谈会"的这种态度，"可能是由于'文艺恳谈会'巧妙地掩盖了其真正目的的缘故吧"。

为了加强对社会的思想钳制，日本政府于1937年设立了内阁情报局，组织了几乎所有的作家成立了所谓的"高级部队"，把这个组织安插到军队中做士兵的思想工作，反而收效不佳，因为许多作家在军队中只给士兵讲授日本文学。这样还是不能满足当局的要求，次年又以相同的目的，成立了由菊池宽任会长的"日本文学振兴会"，川端康成也没能够幸免，被推选为理事，但他并没有什么举动。面对甚嚣尘上的"战争文学"的泛滥，川端康成在1936年1月写就的《告别"文艺时评"》一文中批判道："泛读每月的小说，已经不仅是一种无效的徒劳，而且是一种精神的堕落。"并劝勉其他作家"不要在一夜之间写出粗糙的战争文学,以免留耻千载"。在他的另一篇"文艺时评"中感慨"现在连自由主义作家也几乎无人写出多少有点进步或有点良心的作品了"。随后,出于愤慨,他毅然决然地放下手中的笔,停止再写文艺时评,以示他对于战争的不满,保持对"战争文学"的抵制。

1941年4月,川端康成受《满洲日日新闻》之邀,与日本当时著名的国手吴清源和围棋评论家村松梢风一同前往中国东北出席《满洲日日新闻》主办的围棋大赛。同年9月,他受日本关东军的邀请,同改造社社长山本实彦和火野苇平、作家大宅壮一等人再度前往中国东北,到奉天(今沈阳)、抚顺、里河、海拉尔、哈尔滨、新京(今长春)和吉林等地作了实地访问。事后,他独自在奉天等候夫人秀子,随后两人一同前往北京、张家口、天津、旅顺、大连等地作了一次私人旅行。他们行至大连时,从亲友那里提前得知太平洋战争即将爆发的消息,便于11月30日匆匆地结束行程乘船回国。关于他的两次中国行,回国后只写了《满洲国文学》、《满洲的书》等两篇文学杂感,以及在翌年编选了《满洲各民族创作选集》,创作了《满洲国青少年生活记》。前者收录的是满洲地方作家和日本驻满洲作家所写的关于满洲题材的作品,后者则收录满洲地方十岁至二十岁的青少年的文章。关于这两次行程,除以上创作的作品之外,就没有再写其他的作品了。就如在《满洲国的文学》一文中所说:"我没有将满洲之行写在纸上,但我觉得我是写在心上了。这就是说,从满洲到华北旅行之后,有两年之久,我难以从事工作,我觉得可能是由于这次旅行，对我的心灵震动太强烈的缘故吧。"关东军对他礼遇有加，然而他却没有为关东军写过一句歌功颂德之语，这不得不让我们对他肃然起敬。

1941年12月8日凌晨，日本海军偷袭美国海军基地珍珠港，太平洋战争正式爆发，远在大洋彼岸的美国被卷入第二次世界大战，战场的扩大以及战线的拉长加剧了日本战局的恶化。在日本国内，法西斯政权实行全面的专政，无论是从政治、经济、军事方面，还是从文化方面，都进一步加强了控制。其间以内阁名义颁布了《言论·出版·集会结社法》，对日本文艺界和舆论界的控制达到了空前绝后的地步。日本法西斯当局于1941年年底在东京召开了"文学家报国大会"，这次活动几乎将所有作家都包括了；1942年5月强迫所有职业文学工作者加入由内阁情报局直接掌控的"日本文学报国会"。文学家们公然成了法西斯当局宣传军国主义的工具，日本法西斯企图把全体文学家紧紧地捆绑在军国主义的车轮上，以实现其征服亚洲和控制世界的幻梦。在这种法西斯强权政治下，日本文人面对的是两个选择，要么站着死，要么跪着生。在血与火的洗礼下，一部分文人前仆后继，直面军国主义的践踏与凌辱，这部分文人以宫本百合子、西泽隆二等人为代表；另一部分文人或者自愿或者被迫为当局所控制利用。在这种情况下，没有第三条路可以选择了。在"文学报国会"成立一年之后，自以为是"没有受到战争影响也没有受到战争损害"的川端康成，他的名字无可避免地被列入"文学报国会"会员的名册上。

从1935年到日本宣布投降的1945年是日本现代史上暗无天日的十年。这十年间，川端康成从东京迁至镰仓，过着半隐居的生活，几乎不参加任何社会活动，他对战争产生了一种天然的反感。在这段时间里，他把几乎所有的心思都放在研究日本古典文学上，让自己的身心沉溺在古典文学的海洋里，远离现实的尘嚣。他尤其对《源氏物语》特别钟爱，思想时刻停留在书本的世界里，不管外界的氛围如何。就如他在战后回忆起这段岁月时写道："我把自己的心融汇到《源氏物语》中去了，这多少包含着对时势的反抗和讽刺。空袭警报时，我四处巡视，在毫不透亮的峡谷里，在充满秋冬月光的冰冷寒夜，我刚读过的《源氏物语》在我的心中回荡，昔日古人在悲境中阅读《源氏物语》的精神渗入我的心，我觉得自己必须和源远的传统一起生存下去。"川端康成认为"这是一种摆脱战争色彩的美"，"一种与时代龃龉的举动"，更是"对时势的反抗和讽刺"。

　　在此期间，川端康成应《东京日日新闻》的邀请，花了近半年时间出席本因坊秀哉名人的围棋告别赛，写就《名人告别赛观战记》，分别在《东京日日新闻》和《大阪每日新闻》上共连载了六十余回。战争末期，即1945年5月，川端康成和久米正雄、高见顺等作家一起为解决当时书荒问题在镰仓八幡路创设"镰仓文库"，并为一两千会员和读者讲授日本古典文学和外国文学，同时川端康成还负责书店每天的记账和图书管理工作。这样的生活让他感到"十分快活"，还认为"镰仓文库是惨败时唯一一扇开业的美好的心灵之窗"。

就在日本军队在各个战场节节败退、全线崩溃的时候，日本本土也遭到盟军战火的袭击，硝烟味也越来越浓烈了。在当局的野蛮逼迫下，他并没有逃脱战争的影响，川端康成于1945年4月24日作为海军报道班的成员，被派往鹿儿岛鹿屋海军航空兵特攻队基地进行为期一个月的"体验生活"。他亲眼看见日军对于盟军的攻击基本上没有还手之力，并推测离战争结束不远了。他回到镰仓并没有着手写关于特攻队的报道，只是无言地沉默。不出三个月，日本裕仁天皇宣布无条件投降。这十年中，面对日本军国主义当局对外发动的侵略战争和对国内的绝对控制，川端康成以自己的方式做着一些有益的工作，并对军国主义进行消极的抵抗。川端康成本人在总结这段历史时说"我对发动太平洋战争的日本，是最消极的合作，也是最消极的抵抗"，"不用说，我没有狂信和盲爱所谓神圣的日本。我总是以自己的悲哀去悲叹日本而已"。

2. 战时的主要作品

这一时期，川端康成很少受到日益泛滥的战争文学的影响，由此继续保持自己独特的创作风格，无论是从艺术技巧还是从思想内容方面都较以往的作品有了很大的提高。这段时期的主要代表作品有：《水晶幻想》、《抒情歌》、《致父母的信》、《禽兽》、《花的圆舞曲》、《雪国》、《母亲的初恋》等。其中最能代表川端康成这一时期文学成就的分别是《水晶幻想》、《禽兽》、《雪国》。

《水晶幻想》载于1931年1月号和7月号的《改造》杂志上。故事情节简单，人物不多，和他早期的作品一样。主要人物是女主人公——一位不怀孕的女人、她的丈夫——一位从事生育学研究的学者、来访的客人——一位小姐和一位犬商，此外，还有两条狗。主要故事情节是女人和她丈夫围绕生育问题的两段谈话，其间插入另外一家的小姐为了给自己的母犬配种，带着犬商前来拜访。不过，这个短篇小说的特质并不在于上述内容，而在于女人的心理活动和意识流的描写。女人在和丈夫、小姐以及犬商的谈话和交往过程中，在观察两条狗的举止神态的过程中，随时随地引发出一系列的心理活动，其中既有自觉的、理性的意识，也存在非自觉、非理性的意识；既有对过去的回忆，也有对现在的感想，并且通过孤立的字句加以表现，造成彼此之间的不连贯，上下无联系，在时间上和空间上的跳跃性和多变性，因而从表面上看起来杂乱无章，令人眼花缭乱，但实际上并不是毫无逻辑关系的一盘散沙。不但每一段心理活动都与作为引发物的谈话或动作有一定的关系，而且全篇的心理活动也都围绕小说所描述的中心事件和表现的主题思想展开，只不过彼此之间的关联不是单纯的、直线式的，而是复杂的、网状的。

对于川端康成来说，从20世纪20年代中期参加新感觉派文学运动和采用新感觉派的创作方法创作的《感情装饰》等作品，到20年代末期、30年代初期声援新心理主义文学和采用新心理主义创作的《水晶幻想》等作品，是一个重要变化。虽然川端康成本人在《观察1932年文艺界动向》的座谈会纪要里说到过"所谓新心理主义文学，也有人把它看成是一种方法，因为新心理主义文学家不一定必须具有怎样的社会观"，即似乎认为新心理主义并不涉及社会观和人生观问题，可是作为一种创作方法的新心理主义，仍然不可避免地受到社会观和人生观的某种制约。

在川端康成创作中之所以发生这个重要变化，既有其客观的条件，又有其主观的根源。就客观条件而言，1927年《文艺时代》停刊和新感觉派文学运动高潮过后，川端康成于1929年4月加入了《近代生活》杂志，成为同人，同年10月又参加《文学》杂志，成为同人，这都对他的创作道路产生了影响。《近代生活》大力吸收西方现代主义文学，后成为新兴艺术派的机关刊物。就主观根源而言，川端康成原来作为新感觉派文学一员，热心倡导东方式的"主客观一如主义"和"多元的万有灵魂说"，力图从传统的现实主义创作方法中解放出来，即便曾在评论文章里使用过"真实""现实"之类的词，也未能亲自直接了解它们或者接近它们，而是要"在虚幻的梦中遨游直到死去"。他一贯重视的是表现自己的主观感受，表现人物的主观感受，表现人物的内心活动。而新心理主义恰好符合从传统现实主义创作方法中解放主观的愿望，恰好为他表现自己和人物的主观感受，为他展示人物内心世界提供了适宜的手段。

《禽兽》这部小说最初发表在1933年7月号《改造》杂志上，它是川端康成一夜之间写就的作品。这是一篇私小说，更确切地说，是特异的心境小说，是由作家的孤独感情和悲观情绪交织出来的作品，这也是川端康成经过盲目追求意识流失败以后，在借鉴意识流的手法和继承传统手法上所做的新的探索和尝试。《禽兽》的情节并不复杂，它记叙了一个独身的中年男子几个小时内的一段经历和一段回忆。开始时，"他"坐着出租车去给以前的恋人献花，到了剧场，"他"又觉得她"好像没有生命的玩偶"，这中间主要穿插了有关"他"和动物一起生活的回忆。由于作品的结构主要是两段现实夹着一段回忆，日本评论家将它称之为"三明治结构"。小说发表后，由于作品题旨的极度模糊和艺术上的复杂，引起了各种各样的解释和争论。有人说这是力图在理性和感性之间取得平衡的心境小说；有人说它告诉人们：以适者生存的眼光来看世界，正是艺术家的宿命所在；还有人认为它描写的是"美神的堕落"，"美的偶像的破灭"。

小说的男主人公是个对所有人都失去信任的心理变态者，"他"讨厌一切人类，整日与禽兽为伴。慢慢地"他"从动物的初恋中发现它们纯真爱情的力量；从动物富有生气的活动中看到它们充满生命的愉悦；所以"他"觉得动物们纯洁、高雅、感情丰富，把禽兽的世界看作是避世之所，把自己失望中的希望，寄托在这些动物身上。有时"他"也怨恨自己这种癖好，觉得人间还是有好人在，"何必非要跟动物生活在一起呢？"有时对一些人追求优良品种的动物而施虐于其他小动物愤愤不平，认为这种行为是"人间的悲剧象征"，他对此抱着鄙夷的态度，却又予以宽容。作家借"他"的主观上对千花子在舞蹈上的堕落，连她肉体的美也荡然无存，继而联系到社会上"那种残存的野蛮力量，已经成为一种庸俗的媚态"，体现出作者对人生、对时势最苦恼、最哀伤的沉痛叹息。在这篇作品里，既写"他"与禽兽的生活，也描述"他"与人在一起的生活，二者相互映照、衬托。

我们都知道每个国家的文学都有着属于自己民族的精神与特质，这是别的民族难以体会的，日本的文艺观是以"真"、"哀"、"艳"、"寂"为基础的。川端康成沉醉在日本古典文学、东方传统和神话的美感之中，成功地借鉴了西方文学的精华和创作方法，展示了"物哀"、"幽玄"、"空寂"的虚无和美的色彩。因此，在川端康成的文学中，"死"具有重要的美学意义。他曾在《化妆与口笛》中描写过"死的秘密的纯洁"，在《临终的眼》中写道"冰一样透明是死的世界"，在《绿色的海、黑色的海》中写过"平稳如镜的海般的死"。所以我们探讨的是他在《禽兽》中所表现出来的"死"的美学观。

首先是"美"与"死"的登场。美与死的登场是在作品的开端部分。"小鸟的啁啾鸣啭，把他从白日梦中惊醒。"文章开头的第一句话就向读者呈现了一个美好的景象，这是"美"的登场。紧接着"一辆破旧的卡车，运载着一个大鸟笼。鸟笼比戏台上看到的那种押解重囚用的带网竹笼还要大两三倍。"作者把鸟笼与关重囚的笼子联系在一起，这就把主人公带进了一系列与死相关的景象之中。随后"不知什么时候他的出租汽车竟挤进了送殡的车队里……他回头望了望路旁，眼前立着一块'史迹太宰春台墓'的石碑……寺门上也贴着一张字条，上面写着：'山门不幸，送津执行'。"至此，"死"就紧随着"美"正式登场。接着在焦急地等待车子开动时主人公又看了看身边年轻女拥抱着的花篮，"花篮里的蔷薇花娇艳芬芳"。带着"娇艳芬芳"的蔷薇，去"观赏千花子的舞蹈表演"，这一切是美的，但在途中却遇上了丧事，过渡到了与之相反的"死"的主题。就这样，在美与死的交织中，小说拉开了帷幕，也将主人公带入了一系列的回忆中。

其次是"美"与"死"的冲突。主人公对与他生活在一起的动物的回忆是这部作品的主要部分，也是美与死发生激烈冲突的部分。这一部分主要记叙了六只菊戴莺在主人公家的经历。一开始，鸟店老板送给他一对，一天有一只雄鸟跑掉了，他到鸟店老板那里想再要只雄鸟，老板又给了他一对，并告知要把两个鸟笼并排放在一起，让鸟儿互相熟悉几天，才能放在一个鸟笼里饲养。然而"他像孩子摆弄玩具一样，待鸟店老板一走，就迫不及待地将两只新鸟移到原来那只鸟的笼子里去了"，这引起了鸟儿们极大的恐慌，后来，新来的雌鸟死去了。主人公在为剩下的两只鸟儿洗澡时，洗得时间过长，鸟儿被淹坏了，他用火盆烘烤企图挽救它们，不料烤坏了爪子，他把鸟爪子放在嘴里含着，但两只鸟还是死了。不久，鸟店老板又给他送来一对，可还是因为洗澡时间过长，又都死了。他还要生火烤，女佣对他说"还不如让它们死了好"，他"骤然感到体力衰竭，几乎神志不清了"。

再次是"美"与"死"的融合。小说的最后部分又回到了现实中。主人公"没看千花子的舞蹈已经两年了。如今他实在不愿意看到她在舞蹈上的堕落。那种残存的野性力量，已经成为一种庸俗的媚态。舞蹈的基本形式，连同她的肉体美，都荡然无存了"。然而他仍然带着"娇艳芬芳"的蔷薇花去观看她的演出。他到后台后，看见一名年轻男子在帮千花子化妆，看到她"那张纹丝不动的一本正经的脸，好似一个没有生命的玩偶。简直像一张死人的脸"。花篮象征着美，表达着主人公对永恒的美的幻想，而千花子则象征着死，用美的衰竭来预示主人公对美的幻想的破灭。在主人公回忆起和千花子准备殉情的往事时，美与死逐渐走向了融合。小说的结尾处，作者写了一个与全篇似乎完全无关的事情：十六岁少女的母亲在女儿逝世当天的日记末尾写了"她的脸生平第一次化妆，真像个新娘子。"这个与全篇叙述分离的情节，把美与死完全融合在了一起，生不再是美延续的途径，在生中无法找到永恒的、纯粹的美。死不是美的终结，而是一个全新的起点，是对美的肯定。

《雪国》是川端康成第一部中篇小说，也是他最著名的代表作之一。《雪国》是日本古典文学传统和西方现代派文学相结合而开出的一朵奇葩，是川端康成的巅峰之作，是一首美的颂诗和哀歌。反映了川端康成作为一个真诚的作家执着追求理想与美的艰苦历程，体现了他悲观、虚无、绝望的思想，其主要艺术特色是："悲"和"美"紧密联系与融合；心理刻画细腻传神；重情轻理，追求精神上的"余情美"，注意通过季节变迁的描写来表现人物的情感，体现出了川端康成"对生命憧憬的甘苦"。

《雪国》从1934年12月开始执笔写作，直到1948年12月完成定稿，凝聚着作者前后十四年的心血。1935年1月开始以独立的短篇形式出现，以"暮景的镜"、"白昼的镜"、"故事"、"徒劳"、"芭茅草"、"火枕"、"拍球歌"等为标题，相继发表在《文艺春秋》、《改造》、《日本评论》、《中央公论》等多个杂志上。等全部写成后，一个完整的结构和故事情节才初具规模，并于1937年6月，由创元社汇集出版第一次冠以《雪国》为书名的单行本。单行本发行后，为了续写《雪国》，川端康成又多次前往北国的越后汤泽旅行收集素材，还专门阅读了铃木牧之的《北越雪谱》一书，得到进一步的启示。三年后，他先后又补写了《雪中火场》和《银河》两篇，分别发表在1940年12月号的《中央公论》和1941年8月号的《文艺春秋》上。但对于这两篇，川端康成是不满意的，认为是失败的作品。战后，他又对这两个短篇作了重大的修改，最终改名为《雪国抄》、《续雪国》，并于1946年5月号的《晓钟》和1947年10月号的《小说新潮》上重新发表，于1948年12月由创元社另出新版本，取消了原有的各章标题，好不容易才形成了现在的《雪国》定稿本。

《雪国》情节简单，主要内容只是岛村三入雪国，及由此展开的岛村、驹子、叶子、行男四人之间的微妙关系以及各自的命运变化，以行男、叶子之死，驹子变疯，岛村离开雪国终结全篇。小说的梗概就是在东京从事舞蹈研究的岛村去上越地方山中旅行，在温泉旅馆结识了艺妓驹子，驹子为挣钱替所谓的未婚夫行男治病而沦为艺妓，岛村与驹子关系日渐亲密，却又不胜爱慕悉心照料行男的叶子。第二年岛村又来山中，行男已经病逝，一天晚上剧场失火，叶子遇难。小说中始终弥漫着一种淡淡的悲哀，让人感觉一种幽幽的情伤，主人公驹子不仅外表美得惊人，更具有美好的心灵，而就是这样一位如此美好的女孩子，却有着极其不幸的经历与遭遇，陷入深深的困苦之中，其美的背后藏着巨大的悲哀。

岛村是一个现代都市人，物质生活优裕，精神却很空虚，整天无所事事，敷衍时光。他在平庸中生活，但并不满意死水般的平庸生活，深切地感到生活的空虚无聊，旺盛的精力时常处于亢奋状态，寻花问柳便成为他用以宣泄的一种途径。但这并不能因此就简单地视其为"浪荡儿"。相反，他对灵与肉，生活和美都有所渴求。他爱好舞蹈，表现出对艺术美的追求。他千里迢迢来到雪国，为驹子、叶子的美所吸引，显示出对女性美的向往。岛村懂得尊重女性，因驹子的纯洁而不愿轻侮；因驹子不愿委身而不强求；因明白这场爱的徒劳而深感内疚；对叶子的美以超欲念的态度来对待；他虽然空虚却不虚伪，对驹子堕入风尘的苦痛，对叶子的不幸命运都有真诚的同情与哀怜，他只不过尚未找到生活的真正价值在哪里。对人生还没有明确的信念和力量，精神处于一种游离恍惚的状态，所以处处显露出旁观者所看到的幻灭和迷茫。

与空虚的岛村相对，驹子这个人物从精神到肉体都是十分真实的。这个热情、求实、执着于生的女性形象，寄托了川端康成的美的理想。《雪国》中的其他人物都没有肖像描写，唯独驹子。驹子这个人物最震撼人心、引人深思的地方不是她的悲惨命运，而在于她那出淤泥而不染的纯真善良的品质、自尊自重的精神、她在痛苦、卑微、屈辱的生活中还能维护自己的尊严和纯真的感情。在探析《雪国》主题的时候，研究川端在这部小说中是如何塑造女主人公驹子的形象，就更具有特殊的意义。

第一是与不幸生活抗争的坚强者形象。主人公驹子是出身贫寒的弱女子，在屈辱的环境下成长，沦为山村艺妓，且有多次被变卖的不幸经历，经历了人世间不堪忍受的沧桑。然而她却没有湮没在纸醉金迷的世界，而是鼓起勇气，承受着生活强加给她的不幸和压力，勤学苦练技艺，挣扎着生活下来，沦为艺妓后，她仍不甘堕落，对生活很认真，有着执着的追求，主要表现为坚持写日记、喜欢读小说、苦练三弦等几个细节。驹子的日记从到东京当侍女之前不久记起，一直坚持下来，刚开始，买不起日记本，就写在两三分钱的杂记本上，对于这些日记，她自己看得很重，不肯轻易拿给人看。日记虽然在内容上未必有什么闪光的思想和高深的意义，只是"不管什么事都毫不隐瞒地照原样写下来"的生活记录，但是她记日记的态度是认真的，并且表现出一种坚持到底的毅力。驹子从十五六岁起就喜欢看小说，而且把看过的书都记下来，当然，她所读的无非是些妇女杂志或在旅馆客厅里摆着的小说、杂志之类，其中未必有多少高尚的文学作品，所记的也无非是些题目、作者、人物名字及人物关系等，但可以说明，她有求知的欲望和顽强的毅力，并不像一般艺妓那样随波逐流。

第二是忠于爱情的奉献者形象。驹子的爱情是凄婉的，驹子为注定无法成就的恋情而活着，全心全意，把感动传给了每个认识她的人。岛村已有妻室，是由于无法排遣无所作为、坐食祖产的空虚，才转而从艺妓身上寻求安慰。表面上岛村似乎爱上了驹子，而实际上却把驹子满腔真挚、热烈的爱看做是"单纯的徒劳"，他明知驹子倾注在自己身上的爱终将难以实现，却屡屡让她产生希望，并满足于她对自己的期待。不仅如此，他还移情叶子，这又加深了对驹子的伤害。与驹子分手之后他便忘掉了自己的诺言，"没有来信，也没有约会"。这说明他根本没把驹子放在心里。而再次见面时，岛村虽然很清醒，按道理"应该首先向她赔礼道歉或解释一番"，却"连瞧也没瞧她，一直往前走"。也许认为没有必要向一个艺妓道歉吧，驹子在经受这一切之后，仍一心倾慕于岛村。岛村第二次离开雪国时，跟驹子约好二月十四日雪国"赶鸟节"之时再来看她。照常理第一次已经失约，第二次总该信守诺言了。但他又一次言而无信，驹子为了等待会面，特意从老家赶回来，却仍是空等一场。面对驹子的追问，岛村的回答是："像你这样追问，我怎能说得清楚呢？"就这么轻而易举地逃避了自己的责任。于是，反倒是驹子无言以对了。

第三是日本古典美学的代表形象。驹子能把岛村从遥远的东京一而再，再而三地吸引到雪国的温泉旅馆，其最根本的原因可以说是驹子的美貌。在川端康成笔下，驹子是一个集纯真、善良、干净、美貌、风情于一体的魅力女性形象。当然，这只是就外貌而言，如果再说到驹子与岛村的爱情，其中蕴涵了日本古典的余情美。作者在驹子身上用了非常多的笔墨，非常细致地描绘出了雪国中美丽不可方物的艺妓形象。作者在描写容貌时，常常融入大自然的美，将景与人融为一体。"驹子清白的肤色，而今又渗入了山野的色彩，娇嫩得好像新剥开的百合花或洋葱头的球根。"驹子倾心于岛村，把全部感情都倾注在他身上。她对岛村爱得越深就越为他着想，驹子甚至把自己的身心都依托于岛村，就连她呼唤岛村的声音也纯粹是女子纯洁的心灵在呼唤自己男人的声音。这绝不是肉体的出卖，而是爱的奉献。爱情本应充满快乐与甘美，然而驹子得到的只是痛苦。驹子撞击墙壁的空虚回声，"岛村听起来有如雪花落在自己的心田里"，驹子欲死欲活的追求在他看来轻如雪花。透过岛村我们可以感觉到驹子身上所体现的凄美，她真挚的火一般的爱恋如遇千古冰封，再多的热情也无济于事，这是无法解决的灵与肉的冲突和苦恼，她执着地追求一种平凡而幸福的生活，同时又失望而苦恼，深深地潜藏着一种无可名状的悲哀，体现了传统日本文学的"余情美"。

3. 重新审视传统

　　从《伊豆的舞女》开始，川端康成在他所创作的作品中力求表现日本的传统美，在《雪国》中对此又作了进一步的探索，更重视传统美是属于心灵的力量，即"心"的表现，即精神上的"余情美"。日本文学的传统特质之一，是排斥理而尊重情，言理也是情理结合，追求一种余情的美。这种余情美，是哀与艳的结合，将"哀"余情化，以求余情的艳。应该承认，日本文学这种余情的艳，虽然有其颓丧的一面，但也不能否定其净化的一面。《雪国》接触到了生活的最深层面，同时又深化了这种精神上的"余情美"。川端康成所描写的人物的种种悲哀，以及这种悲哀的余情化，有着精神主义的价值，决定了驹子等人物的行为模式，而且通过它来探讨人生的感伤，在一定程度上表现了作家强作自我慰藉、以求超脱的心态。作家这种朴质无华、平淡自然的美学追求，富有情趣韵味，同时与其人生空漠、无所寄托的情感是深刻地联系在一起的。

　　作为短篇小说的《伊豆的舞女》是川端康成的成名作，奠定了他在日本文坛的地位，而中篇小说《雪国》，则标志着川端康成在创作上的成熟，他在艺术上达到了一个前所未有的高峰。说《雪国》是川端创作的成熟标志和艺术高峰，主要因为以下两个方面的表现：

第一，开辟了一条新的艺术创作道路。川端康成从开始从事文学创作起就富于探索的精神，在他的创作道路上，不乏成功的经验，失败的经验也是颇多的，创作的道路是坎坷的。从事创作之初，他的大部分作品都带有传统私小说的性质和自然主义的烙印，情感基调也相当低沉、哀伤。在新感觉派阶段，他既全盘否定继承传统，又盲目探求西方现代主义，鲜有日本传统的气质，但他还是孜孜不倦追求艺术上的创新，不断地总结经验，而后又重新审视日本传统并进行新的探索。《伊豆的舞女》就是他进行新探索的成果，在学习西方现代主义文学的基础上，对日本文学的传统作了新尝试。而《雪国》的创作则使两者的结合达到了炉火纯青的境界，是在《伊豆的舞女》基础上的升华，作品的日本色彩更加浓重。

第二，《雪国》在艺术上拓宽了《伊豆的舞女》所开辟的新路，无论在内容上还是在形式上都形成了自己的创作个性。川端康成早期的作品，多半表现"孤儿的感情"和爱恋的失意，还不能说形成了自己的鲜明艺术风格。但他经过不断的艺术实践，不断丰富创作经验，他的艺术才能得到充分发挥，其创作个性得到了更加突出、更加鲜明的表现。他善于以抒情笔墨，刻画下层少女的性格和命运，并在抒情的画面中贯穿着对纯真爱情热烈的赞颂，对美与爱的理想表示朦胧的向往，以及对人生无常和徒劳毫不掩饰地渲染；而且对人物心理刻画更加细腻和丰富，更加显示出作家饱含热情的创作个性。尽管在其后的创作中，川端的风格还有发展，但始终是与《伊豆的舞女》、《雪国》所形成的基本特色一脉相承，其作品的传统文学色调没有根本变化。

但要探明川端康成文学中浓厚的传统审美意识的形成的根源，我们需从以下四点展开分析：

其一，从作者的个性和时代方面考虑，孤儿遭遇与战争对川端康成造成了不可磨灭的影响。为了摆脱生活的孤寂，他很小就沉醉于古典文学的世界。《枕草子》、《徒然草》、《竹取物语》等都是他喜欢的作品，古典名著《源氏物语》更是令他爱不释手。此外，江户时代的江岛其碛的"好色"之作也深受少年川端的喜爱。年幼时的广泛阅读为他日后的创作奠定了深厚的基础，可以说川端文学中的"物哀"美、"好色"美，以及他对处女的崇拜、对自然的情愫等，莫不与其早年的广泛阅读有着密切的联系。另外，亲人的不断去世使死亡的阴影浓重地笼罩在川端幼小的心灵上。为了克服对死亡的恐惧，为了寻回失去的亲情，他认同了佛教"轮回转生"的世界观。对川端来说，这一传统思想观念的确立具有两方面的意义：一方面，它可以使川端在与万物的主动交流中寻回失去的情感，进而使其浓重的孤儿性情得到最为深广的解脱。另一方面，它还进一步使川端体悟到了传统的"空"、"无"思想。在"轮回转生"的世界里，人生依然如过客，不同的是人的心灵可以变得更为宽广。这种超越个体生命局限的广博心境使川端认识到：与其执着于现实，莫如投入到随缘任运、宁静淡远的"空"、"无"世界。因此，孤儿的遭遇是川端康成传统审美意识形成的内在根源，并进一步使传统美成为其内心的积淀，从根本上制约了川端文学的民族化方向。

其二，川端文学所体现的自然美。要谈日本民族的传统美，首先要谈自然美。受到岛国美丽的自然环境的滋养，日本人对自然怀有深切的爱和特殊的亲和感。自古以来，日本作家以自然为友、以四时为友，他们能从一草一木的细微变化中敏锐地掌握四季时令的变化，并感受到自然生命的律动、万物的生生不息。由于其浓厚的传统审美意识，川端康成对季节的感受也非常敏锐。在创作中，他以其纤细的笔墨对自然进行了细腻的描绘，并常以四季的更替来暗示人物的情感与命运。在人的自然化和自然的人情化的统一上，川端文学充分体现了东方"天人合一"的传统自然观。此外，日本民族对自然色彩的感受也非常敏锐、细腻，赤、黑、白、青是其民族色彩语言的四原色，并具有特定的审美情趣和道德内涵。受感性文化的熏陶，色彩在川端文学中也具有重要的象征意义。总体而言，川端常用红与白来象征性爱之美、梦幻之美以及生与死等，而多用黑与白来象征死亡之美、悲凉之美以及现实之丑与梦幻之美等。总之，川端康成不仅擅长捕捉和描摹自然美，而且善于挖掘自然美的深层内涵，并使万物的四季更替、色彩的明暗辉映与小说人物的情感、命运紧密相连。可以说，川端文学从早期的清丽、纯洁到中期的徒劳感伤，直至晚年的虚无颓唐，虽情感有所变化，但人物与自然相互交融的境界却贯穿始终。

其三，川端文学的传统精神之美。"好色"、"物哀"以及

"虚无"、"幽玄"等是日本民族传统审美意识的灵魂。川端康成继承了传统美的艺术精髓，并融入自身的情感，使之在他的作品中悄然绽放。日本古代文学对性的表现是非常坦率的，并逐渐形成了"好色"的文学传统。这种"好色"观念不仅仅是为了满足生理的欲求，更是为了实现无限渴望的"爱"，从而更倾向于一种宗教性的、审美的观念。川端康成继承了这一传统审美意识，他的很多作品都具有一定的"好色"之情，并在其中融入了自身的独特情感。孤儿的生活体验使川端康成充满了对女性肉体之美的渴慕，并形成了"处女崇拜"、母性崇拜等情结。因此，川端文学中的女性大都集光洁的肉体之美、纯洁的心灵之美、母性的温柔之美于一体。

"物哀"产生于平安时代的贵族文化，是贯穿在日本传统文化和审美意识中的一个重要观念，川端康成也认为美与悲是密不可分的。在创作中，他多以短暂"无常"的爱情为主要内容，以悲愁为主要情感色调，进而使他的作品形成了一种既美且悲的传统格调。孤儿的生命体验使川端康成充满了对人生的探求，同时由于祖父的影响，佛国的芳香一直熏陶着他，伴随其成长。这使川端拥有了一双凝视虚空世界的"临终的眼"，而这"临终的眼"就是超越生死、透过现象来认识生命真相的开悟之心。在此基础上，川端把佛禅的清灵玄虚作为文学的幻境，并以敏感的笔触描绘着美的"佛界"与"魔界"，探求着生命的真相。战后，川端对"魔界"的执着、对"佛界"的憧憬包含了他试图用传统的佛教禅宗精神拯救自我的努力，及其对人生终极的关怀。他渴望通过解除一切"道德的抑制"

使人类恢复到原初，从而找回生命的尊严，摆脱战争的荫翳。三岛由纪夫称川端康成为"永恒的旅人"，川端的一生的确像是来往于现实与梦幻之间的旅人。他以无所畏惧的精神深究人性的根底，并以诗意的情怀引领人们走向随缘任运、宁静淡雅的美好世界。

其四，川端康成对传统之美的新开拓。川端从事创作的初期正逢"大正民主"时期，那是一个丰富多元、与传统既割裂又藕断丝连的独特时代。受西方现代文艺思潮的影响，川端康成也发起了新感觉派运动，并成为该运动的旗手。此后，他又转向对新心理主义的探索，并买来乔伊斯的著作，与原文对照着详细阅读。当然，川端在这段时期的理论主张和创作实践有些偏激，带有向西方一边倒的倾向。但是西方现代派文学的因子在经过短暂、激烈的异体对抗之后，很快就以温和的方式融入川端文学的血液之中，实现了"内化"。新感觉派落潮后，川端逐步将新感觉派的主观感受从浅层的感觉范畴推进到情感范畴，并使之与日本传统的自然美、人情美相结合。此外，川端也没有止步于单纯模仿西方意识流，而是结合自身的禀赋，使意识流小说的心理时空观及其对无意识的挖掘，与他那传统的"空"、"无"思想及其对"魔界"的探索达到了完美的融合。

就如与他保持亦师亦友关系的三岛由纪夫所说："生于日本的艺术家，被迫对日本文化不断地进行批判，从东西方文化的混淆中清理出真正属于自己风土和本能的东西，只有在这方面取得切实成果的人才是成功的。当然，由于我们是日本人，我们所创造的艺术形象，越是贴近日本，成功的可能性越大。这不能单纯地用回归日本、回归东洋来说明，因为这与每个作家的本能和禀赋有关。凡是想贴近西洋的，大多不能取得成功。"这段话不仅对于认识川端文学，而且对于了解日本近现代文学发展内在的规律性和外在的必然性都具有普遍的意义。

第六章　战后忧愁的岁月

1. 战后的国内——反战、民主思潮

1945年8月15日,日本正式宣布无条件投降。当天中午,日本天皇通过广播下达日本国无条件投降的诏书。此时,川端康成和妻子秀子、养女政子坐在收音机旁聆听天皇的投降诏书。在这过程中,川端康成并没有丝毫讶异的表现,因为在此之前的三个月,他在鹿儿岛鹿屋海军特攻队基地采访时早已感受到日本必败的迹象,同时对日本投降的消息也略有耳闻。在天皇宣布无条件投降以后,川端康成所能做的就是将"镰仓文库"租书屋收藏的左翼和右翼的图书搬回家中,统统付之一炬。与此同时,他还将自己在战争末期所写的文稿全部收藏起来,这些举措标志着他的战争"生涯也结束了"。对于日本的战败,川端康成同大多数日本国民一样,他对此也产生了一种虚脱感、摆脱军国主义桎梏的解放感和被美军占领的屈辱感,这几种复杂的情绪交杂在一起,使他陷入迷惘的状态,长时期沉浸在日本战败的哀伤之中。

8月底,川端康成等人接受大同造纸公司的建议,将"镰仓文库"租书屋整改为"镰仓文库"出版社并担任常务董事。此外,还编辑出版了《人间》、《文艺往来》、《妇女文库》、《社会》等杂志。川端康成亲自负责《人间》杂志的编辑工作,倾注精力于发掘新作家，一手培养和扶植了青年作家三岛由纪夫。日本的战败，动摇了整个日本的统治根基，日本的文化传统也被动摇了。川端康成对战争以及战败的反思，扩展为对本民族历史文化的重新审视，以及审美意识中潜在的传统的苏醒。

　　经历过战时当局的反动统治，川端康成对战争有着一种天然的抵制，但又为形势所迫，不得不对当局有过短暂的妥协。日本投降后，他接受了反战、民主思潮的洗礼。战争结束之后，日本国内政治形势激变，各种社会思潮应运而生，反战思潮和民主自由思潮的呼声越来越高，并成为战后社会思潮的主流，对社会各界产生了深远的影响。川端康成无可避免地被卷进这一思想激流之中。他投身于国内外各项文学活动，参加各项和平友好运动，接受了战后反战、民主自由思潮的洗礼，这些都对他的创作产生了一定的影响，同时在他的作品中也留下了这一思潮的痕迹。对比战前与战后的创作，虽没有明显断裂的迹象，但也无法避免作品烙下的反战、民主自由思潮的印记，平静中激起些许涟漪。他作品的倾向日趋复杂，有的作品反映了战后的日本社会现实，同时这也使他的创作走向另一个极端，即更加浓重的颓废色彩。确切地说，他的作品中善与恶、美与丑的相互对立、相互渗透是他这一时期创作的主要表现方式，饱含战后现实中的矛盾、悲哀与丑陋，以及思想倾向的双重性格。诸如他战后的新作《五角银币》、《重逢》、《水月》、《离合》等掌、短篇小说，以及《日兮月兮》、《河畔小镇的故事》、《东京人》、《生为女人》等介于纯文学与大众文学之间的小说，描写了战争给人们的生活和爱情带来的创伤以及在心里留下的阴影，充满了对生的眷恋，对幸福生活的美好向往，字里行间表露出对美国在广岛、长崎投掷原子弹的愤怒以及对美国军事占领的强烈不满。尤其是中篇小说《名人》和长篇小说《舞女》积极反映了棋艺家、艺术家对艺术事业的执着追求，以及探索应有的艺术思想和艺术道路的努力。这些作品或多或少都反映了时代的波澜，同他战前的作品相比，有了新的探索和新的创造。

1948年11月12日川端康成受《读卖新闻》的委托，出席旁听了东京国际军事法庭对日本战犯的宣判。在宣判结束之后他写了两篇文章，题为《东京法庭上的老人》和《东京法庭判决之日》，这两篇文章充分表现了他的愤恨和忧郁交杂的矛盾心理。从下面两段话里，我们不难看出，川端对战败的哀愁是十分深沉的，既有个人的原因，更多的也是历史的、社会的原因。他在《东京法庭上的老人》一文中写道："这些人如此指导国家和民族，却不相信那是愚蠢的。他们是国家动荡时期的得势者，他们把我们的过去放在被告席上。我看到他们作为无力的被告而受到审判，就对国家、对历史产生了怀疑。我觉得：想想过去、现在和未来，是会有教益的。"他在《东京法庭判决之日》一文中对战后的时局和政策还表示了忧虑："东京法庭的判决，可能是一种政治下场吧。这种下场难道能够达到明朗、确实地解决问题的目的吗？目前日本的国情和世界的形势，不能从我的头脑中抹去，这是我忧郁的原因。假如这些人是历史上最后一批战争罪犯，我的忧郁也就可以拂除，街上就会响起欢快的歌声！但是，这只是一种祈祷罢了。另外，即使日本已经丧失了发动战争的能力，或者丧失了防卫的能力，国内的政治又将会如何呢？今天我仍然不清楚，还是冷漠些吧。虽然我过去受到过政治的残害，但当我看见这些战犯的形象似是象征，也似是残影，我就想到现在和将来的政治。也许这也是我忧郁的原因。日本人的暴行在国际法庭上受到追究，更是我忧郁的原因。暴行是附在世界战争历史上的东西。但是，过去一切罪恶的例子，是不可能为新的罪恶辩解的，当今的文明世界，假如存在不进行残暴战争的国家，而日本却更多地进行战争，那就没有比这个更讨厌的了。"

战争结束之前，川端康成与外国的作家基本上没有私人交往，而战后他却积极地从事国际文学交流活动和国际和平运动，因此，这两项活动成为他战后生活上的另一个特点。1947年，他同日本作家一起开始致力于日本笔会的重建工作，成绩卓著，并于翌年5月，担任第四届日本笔会会长。通过他的努力，国际笔会恢复了日本笔会的席位。1949年9月，川端康成未能出席国际笔会在意大利威尼斯召开的第21届大会，但他给大会发了贺信，表示将会努力发展日本同世界各国的文学交流，同时表达了他的愿望，"日本笔会在政治上也要以自由作为基础，不参加政党运动。我们所有会员都憎恨反动的政治和暴力的战争，否定国内的暴力"；"日本笔会誓为拥护和平运动而竭尽绵薄之力，并把它作为自己的义务"。

同年11月，应广岛市政府的邀请，作为日本笔会会长的川端康成同丰岛与志雄、青野季吉、小松清等作家，访问了广岛市，采访了原子弹爆炸中心。第二年四五月间，他同二十多名作家、新闻记者再次前往广岛和长崎进行访问，召开了"日本笔会广岛之会"，探讨了"世界和平文艺"的主题，与会并宣读了他负责起草的《和平宣言》。随后，他把亲眼看见广岛、长崎惨状的感受写成《武器招来战争》一文，反对使用核武器，呼吁社会各界"应从这悲剧之地传达我们和平的声音！"，并以个人名义发誓："作为作家，要为维护世界和平而付出淳朴而诚实的努力！"

作为日本笔会会长，他为了促进东西方文化交流，促使世界各国更关心日本和东方文化，与许多日本作家一起为了在日本召开"国际笔会东京大会"而不遗余力地争取。日本当时的经济还没完全复苏，承办这样一个大会，对当时的日本来说最大的困难就是筹措三千万日元的经费。日本笔会内部对笔会是否在日本举办众说纷纭。川端康成力排众议，当机立断地决定要主办，这样就统一了大家的意见。为此，他亲赴英国伦敦，出席国际笔会执行委员会，向国际笔会提出了在日本举办这次会议的申请；同时前往法国、西德、意大利、丹麦等欧洲国家访问，亲自邀请这些国家的知名作家与会。回国之后，为了解决经费问题，他同日本笔会会员一起，向市民、工人、学生募捐，最终筹得三千万日元，保证了国际笔会第29届大会顺利地在东京召开，并取得了圆满的成功。1958年2月，国际笔会鉴于他对于召开国际笔会第29届大会所作出的贡献，推举他担任国际笔会副会长。同时，日本文学振兴会授予他菊池宽奖。1965年，他辞去日本笔会会长一职，日本笔会为表彰其多年功绩，把高田薄厚所做的川端康成半身塑像赠给他。

第29届国际笔会大会后，川端还亲往法兰克福、里约热内卢、圣保罗、奥斯陆参加国际笔会第30、31、32和第38届世界大会，并亲赴韩国、中国台湾参加亚洲笔会活动。1956年他就"匈牙利事件"发表声明，表示"同情争取自由而受迫害的人们"。1968年，联合石川淳、安部公房、三岛由纪夫等作家就中国"文化大革命"发表声明，呼吁全世界"维持学术与艺术的独立自主"，坚决反对"将文学艺术作为政治权力的工具"。此外，川端康成在战后还为促进日中友好和文化交流，以及恢复中日邦交正常化做出了自己的努力和贡献。1971年，他同"呼吁和平七人委员会"的委员一起发出恢复中日邦交的倡议书，还在家中接待中国访日的作家，畅谈文学、共叙友谊。

2. 战后的重要作品

战争结束之后，川端康成在文学上获得成就最大的作品，要数《舞姬》、《名人》、《古都》、《千只鹤》和《睡美人》。

《舞姬》从1950年12月12日起，至翌年3月31日止，在《朝日新闻》上共连载一百零九天。这是川端康成在战后发表的第一部长篇小说。日本封建社会延续了八百年的历史。1868年明治维新，自上而下的资产阶级改良并不彻底，封建残余较多，封建势力和封建意识在日本社会根深蒂固，后来日本走上封建军国主义的道路。战后，根据《波茨坦宣言》，日本进行了一系列民主改革。《舞姬》虽然没有正面叙述战后转折中这种新旧思想、新旧观念复杂交错的社会情态，但它的故事是放在这一历史背景下铺叙的。

《舞姬》反映的是战后日本社会生活的变化。日本帝国主义从19世纪末到第二次世界大战结束，在亚洲进行侵略战争，横行了半个多世纪，给亚洲人民和日本人民造成了空前严重的灾难。但是灾难和不幸也使广大的日本人民觉醒了。战后，日本的民族、民主革命运动蓬勃发展，民主主义思想得到广泛传播，动摇了明治维新后仍占统治地位的封建势力和封建意识，直接冲击了长期以来赖以维系家庭关系的传统的封建伦理观念。

小说《舞姬》通过具有初步的民主思想的芭蕾舞演员波子同其封建思想浓厚的丈夫矢木之间的矛盾冲突，揭示了战后新思想同旧传统的矛盾冲突。《舞姬》似乎是关乎爱情与生活的，但实际上反映的是女主人公对事业的追求与独立的自我意识。因此，作者在塑造人物时，注重了人物的民族性和东方色彩。波子，是作者着墨最多、塑造最为成功的人物。川端康成是很擅长刻画妇女形象的，他的作品中各个阶层、各种性格的妇女形象栩栩如生、千姿百态。如果将这众多的妇女形象比喻成一座百花园的话，那么波子就是百花中一朵极为艳丽的奇葩。波子的形象是活生生、有血有肉的。她有着丰富的内心世界、鲜明的个性特征，同时又不失传统的东方妇女的共同美德。

《舞姬》在结构上也是很有特色的。它既体现了川端康成创作上的一贯风格，也有一些独具的特色。日本文化传统中有一种重虚不重实的审美倾向，这一点在作品的抒情风格上是有所表现的。其体现在作品结构上的突出特点就是，不注重小说的故事性，即不注重情节的发生、发展、高潮、结局这些基本要素的安排，而是像日本的联歌、联句，首尾相连，延续不断，给人一种轻柔、舒缓的感觉。可以说，作品用以吸引读者的，不是故事情节发展的起伏跌宕，而是连绵不断的情思，是作品中主人公感情的抒发和情绪的宣泄，有时还伴随着深刻的、哲理性的思索和议论。这类作品，常常使人产生一种强烈的共鸣，能够使读者的心灵受到深深的震撼。这类直接作用于读者心灵的作品的特殊魅力，往往不是三言两语能够表达清楚的，需要细细地体味，慢慢地品尝，有如读诗、赏画越琢磨越有味道。《舞姬》，可以称得上是这类作品的典范。

《名人》的故事是有真实的故事作依据的，其主人公是本因坊秀哉名人。秀哉名人在1938年6月26日起举行告别赛，轰动了日本棋坛。川端康成应《东京日日新闻》的邀请，作为特约记者负责采访。秀哉名人的告别赛是同木谷实七段的对局，从6月26日开始，12月4日结束，历时达半年之久，中途秀哉名人因病休战三个月，断断续续下了十四回，几移对局场地。本因坊秀哉名人，日本围棋界第一等高手，把这次比赛作为围棋生涯里最后一场大赛。日本围棋界，以此表征围棋竞技的传统风范的告终，代之以现代合理主义的公平竞争规范。最终以年已六旬的名人秀哉败北收盘，名人亦于赛后一年，因病辞世，享年六十七岁。

《名人》以报告文学的框架，勾画了这场比赛的整个过程，以及与之相关的一些补叙和随感。川端康成自始至终寸步不离棋盘，只是有时他无法忍受对局场地上因名人生病而笼罩着沉重的气氛，才暂时离开。他的这次观战不是出于好奇心，而是出于热情的冲动。在双方棋手的酣战中，他不仅全神贯注瞬息万变的棋局，而且细心观察对弈棋手的风采、表情、动作、语言。也就是说，他舍弃自我，专心观察名人像异常精密的艺术机械在运动似的内心波动和起伏，发现他下在棋盘上的棋子就像生命的诞生和延续，显示出不可思议的美。这种观察不是停留在视觉的表面层次上的，而是用心来观察，用心灵来感应，表现出一种对艺技之道的感动。他还作了详尽的笔记。告别赛对弈开始快一个月之后，即7月24日，川端开始撰写《本因坊名人告别赛观战记》，在《东京日日新闻》和《大阪每日新闻》上连载，共六十四回。这篇观战记刊出以后，引起了读者的强烈反响，获得了极大的成功。日本棋院为此授予他初段的棋位称号。但它作为一篇新闻报道，主要是记录了棋局的进展，没有把对局的纠纷和棋手的心理流程写出来。

黑白棋子，错落交替，抬手落子间，棋盘里有对战者各自性灵的表露和舒展，棋盘外是关于传统风范与现代规则的对话与冲撞。棋还是那盘棋，自中国起源，仅是消遣，在日本光大，演变成艺术，关乎生命与人格的尊严，关乎审美的展现，反而和一决棋艺的输赢高低淡漠了关联。

只是这场名人的引退赛，背景已经是公元1938年的现代日本，战争在喧嚣，传统在沦陷，现代文明的竞技观，不再适应尊卑礼让，长者为尊的一脉风尚。对手的诸多战术，以文明的逻辑看来，无可厚非，诸如战术上拖长比赛时间，细节上激怒对手，中途封盘时置意外之子，再次开局时让对手无所适从，种种棋盘以外的手段和策略，打败了名人。名人之死，是个人生命的终结，也是传统棋道的终结。

《古都》是川端康成从1961年10月8日至1962年1月27日在《朝日新闻》上连载的一部中篇小说。书名"古都"指的是日本京都。《古都》基本上表现出日本传统的美学思想，体现出自然美与人情美的契合。借由京都在战后的人事的内在与外在的情事纠葛、失散姐妹的离合情怀、男女的爱恋、传统的媒妁婚姻。并配以日本传统祭典所表现的内在拘谨心理意识的外显，而透露出日本文化中的物哀、风雅与幽玄的独特美感。《古都》是川端康成末年之作，讨论川端康成一贯关心的主题，包括：两性之间的鸿沟、两性差异的焦虑、单纯无邪的向往、人间和自然的结合、环境和个性的结合——《古都》同时探讨了居住在战后古都京都的艺术家对现代与传统的爱憎。

小说的一大特色是描述了京都的多个节日，包括平安神宫的时代祭、葵祭、鞍马寺的伐竹会、祇园祭、大字篝火仪式等。小说中还以京都的各处名胜为背景，演绎人物的故事。

　　小说描写了一对孪生姐妹悲欢离合的际遇。佐田千重子是佐田太吉郎与佐野阿繁夫妇的女儿，这对夫妇在京都开了一间店经营和服批发生意。千重子现在20岁了，好多年前就已经知道她是太吉郎与阿繁所认养的弃婴。在八坂神社的一次偶然相逢，使千重子知道她有一位双胞胎姐妹苗子，并知道苗子住在京都背面北山的杉村，而且工作在北山之北的杉林区。千重子和苗子十分相似的外貌把手织机店"大友"的长男大野秀男给搞糊涂了。秀男是一位日本传统的编织工，也是千重子的暗中追求者。秀男由于地位差距而不敢向千重子表达爱意，转而追求苗子，被苗子婉拒，因为苗子知道秀男心中爱慕的是千重子。最后千重子依据日本传统的媒妁之言相亲，招赘同业大店"水木商店"的长子水木龙助进门，希望借由龙助的商业经营能力来帮助扶持太吉郎与阿繁夫妇早已经营不善的和服批发生意。不管人情世故如何变化，有古都之称的京都，还是一如往常地随春夏秋冬的变化在历史中流转。

　　作者以大枫树上的两株紫花地丁，来比喻孪生姐妹的命运：上边和下边的紫花地丁彼此会不会相见，会不会相识呢？由于姐妹俩无力抗拒命运，加之少女们多愁善感的情怀，使小说不仅具有浓厚的抒情气息，还蒙有一层诗意的感伤。小说的主题，虽说是写两姐妹的命运，但从全书的结构和作者的旨趣来看，作品刻意表现的，显然是京都的风物人情。京都历史悠久，千余年来，常为建都之地。优美的自然景色和四时风物，足可代表日本山河的妩媚秀丽。各种节令和风俗，体现日本人民自古以来与大自然搏斗的魄力与传统。一处处的名胜古迹与佛舍浮屠，更反映了民族的智慧与情趣。所以，京都堪称是日本传统文化的荟萃之地，是日本人民"精神上的故乡"。作者让读者跟着千重子去寻访京都的名胜古迹，欣赏平安神宫的樱花，嵯峨的竹林，北山的园杉，青莲院的楠木，领略一年一度盛大的祇园会，时代祭，伐竹祭，鞍马山的大字篝火……小说好似京都的风俗画卷，使人能体味到日本民族的情趣，日本民族的美。所以，从这部作品，很能看出川端康成的创作特色，即以现代人的感受，用叹惋的笔调，描写日本民族的传统美。

川端康成曾以继承日本的美学传统自诩。正像我国在艺术上历来讲究意境一样，日本自古以来便注重"幽玄"之美，含蓄之趣，读完觉得余情绵绵，韵味深长。川端康成作品里，简约含蓄的语言，意在言外的象征，自由飞动的联想，的确继承了日本古典文学中这一美学传统。川端康成借《古都》抒发的情怀，实际上是感时伤世，嗟叹日本传统面临的厄运，以唤起国人发扬民族文化精神的热忱。但是这一目的不留痕迹地编织在了古都的自然美与人情美中，用川端自己的话说，就是"追求残照在战败而荒芜了的故国山河的日本美"。

《千只鹤》从1949年5月动笔至1951年10月完成，花了两年半的时间，以"千只鹤"、"林中落日"、"志野瓷"、"母亲的口红"、"双重星"为题，分别在《时事读物》、《文艺春秋》、《小说公园》等杂志上连载。一般认为，《雪国》是川端康成战前的代表作，《千只鹤》和《山音》则为战后评价最高的小说双璧。

但后者这两部作品，内容都涉及悖德乱伦。而这，应该是川端康成唯凭感觉，摒弃世俗的伦理观念，一味追求天真纯洁的美感和喜悦之故。其中《千只鹤》于1951年完稿，是川端康成精雕细琢的极美的艺术品。以表现手法而言，其象征手法的高度运用，最是让人叹为观止，此亦大大提升了小说的艺术价值。

栗本夫人和孀居的太田夫人过去都是菊治父亲的情人。栗本想让菊治娶稻村家的小姐为妻，可菊治却对太田夫人母女抱有一种特殊的感情。后来，太田夫人在菊治身上发现了他父亲的影子，加上受情欲所驱，糊里糊涂地和菊治发生了肉体关系。事后，太田夫人深感内疚，自认为罪孽深重而自杀。菊治原来对太田夫人没有爱情，当太田夫人自杀后才发现她的美和魅力。于是，他不知不觉地将对太田夫人的思恋之情转移到她女儿文子身上。而文子却认为母亲是不可饶恕的罪人，悄悄地离开了菊治。最后，菊治甩开栗本夫人的纠缠，为寻找文子而出门远走了。

《千只鹤》的主要人物，都因"茶道"而形成复杂多重的人际关系与感情纠葛。菊治的父亲是茶道专家，与茶道师栗本千花子有了短暂的婚外情；太田先生是菊治父亲的茶友，太田死后，菊治的父亲由于负责处理太田所遗下的茶道用具，与太田夫人时有交往，于是太田夫人成了菊治父亲长期的情妇，直至菊治的父亲去世。后来，太田夫人的女儿文子把家中母亲心爱的茶道用具送给菊治留做纪念，茶道师栗本千花子再以这些旧爱使用过的茶具来点茶，请菊治和文子品尝。睹物思人，这些茶道用具便蕴含了微妙的象征意义。

首先是栗本千花子在圆觉寺后院茶室举办茶会，使用的"织部瓷"茶碗，是菊治父亲生前所喜欢的，其后送给千花子，而这本是太田夫人亡夫珍爱的遗物。千花子此举无异透露了心中对菊治父亲仍存有旧情爱意。当太田夫人把这只织部茶碗托在手心，似乎同时难忘对亡故丈夫和情夫的情感。又说："黑碗绿茶，就像春天发绿意似的。"则在暗示自己因与菊治重逢，进而把对菊治父亲的怀念投射到长相酷似父亲的儿子身上，那种兴奋莫名的心情。

再者，川端康成着墨甚多的"志野瓷"茶道水罐象征意味尤其浓厚。太田夫人生前将这只质地很好的水罐拿来插花，白釉面上隐隐地泛出红色，表面冷艳而又温馨，在菊治的感觉上，此水罐"柔润得像梦幻中的女人似的"，根本就是已故太田夫人的化身。太田文子将这贵重的水罐送给菊治，他插上了白玫瑰和浅色的石竹花，常常为之情思缠绵。一旦触摸水罐，菊治就会怦然心动。后来，菊治逐渐情感转移，告诉文子："这个志野水罐，是你送给我的，每次看到，就特别想见你。"这个志野水罐，自此又成了文子的替身。

至于作为小说名称的《千只鹤》，所代表的正是菊治原先的相亲对象——稻村雪子。菊治与雪子正式见面，是在栗本千花子举办的茶会上，雪子当天拿着绉绸包袱，桃红的绉绸上，绘着白鹤千只，菊治觉得美极了。雪子点茶时，周围仿如有千百只白色的小鹤在不停地飞舞。与在情天欲海里颠簸过来的太田夫人相较，雪子清秀娟媚的风采，更让菊治感到美不可言。甚至于雪子来访，她的明艳照人，令宽敞幽暗的客厅仿佛为之一亮。隔天，菊治觉得她的芳泽余香还在茶室里荡漾，认定她美得可望而不可即。其实，在栗本千花子居中撮合下，雪子颇有意愿与菊治结婚，偏偏菊治因厌恶栗本一贯的强势主导，尽管对雪子很有好感，终究还是拒绝了这桩婚事，雪子也只好改嫁他人。

擅长运用象征手法，是川端康成文学的主要特质之一。通过文字作为事物与精神之间的中介者，间接表现出某种感情状态或精神意识，把小说从写实主义的桎梏解放出来，川端康成的象征手法，往往在于表现内心所感受到的幻境、声色、意象等，带有神秘性的暗示美。而《千只鹤》的各种茶道用具以及千羽鹤图案所赋予的象征含义，使人物的形象更加鲜明生动，尤其借由茶道用具繁复多重的象征涵义，巧妙地呈现人物隐微、矛盾的内在心理与感情纠葛，令人咀嚼再三，引起内心的共鸣，同时也为川端康成小说写作象征手法之细腻高明而深深叹服。

显然这种以情节为线索的复述会使得读者对川端这篇作品产生简单化理解的导读，进而对这些内容产生令人反感、作呕的感觉。如果仅以社会批评的方法来评判川端的这部作品，自然除了对他的颓废的批评、否定，很难得出其他结论。然而，川端康成是位创作思想和创作方法都很复杂的作家。《千只鹤》也绝非仅用这种批评方法就能全面把握的作品。从接受美学角度来看，不同的文化背景的读者都会以自己独特的接受而见仁见智。

小说中主人公菊治与几位女子近乎乱伦的关系，使《千只鹤》成为备受争议的一部小说。菊治与太田夫人及其女儿文子的关系，在道德与非道德的冲突中，企图超越世俗道德的规范，于是又融入了日本式的"悲哀"。作者成功地创造出一种幻想中的美，以传统的"千只鹤"包袱和茶道作为展开情节、联结人物的媒介。这些传统器物的美与小说主人公之间畸形的爱恋是不相符的，关于小说的动机，作者自己说："我的小说《千只鹤》，如果人们以为是描写日本茶道'心灵'与'形式'的美，那就错了，毋宁说这部作品是对当今社会低级趣味的茶道发出的怀疑和警惕，并予以否定。"这一思想，与川端在战后对日本文化受到外来文化的冲击的喟叹，以及对日本传统的执着追求的思想是一脉相承的。实际上，这一思想在他较晚的作品《古都》中体现得更加深邃清晰。

　　川端康成本人在1952年因《千只鹤》获艺术院奖时，曾在天皇面前陈述过对《千只鹤》的思考："小说中的一位姑娘手拿千只鹤图案，因而题名为《千只鹤》。自古以来，千只鹤的模样或图案，是日本美术工艺和服饰方面所喜欢使用的这是日本美的一种象征。从总体来说，可以称作日本式的美。作者的心底，仿佛有一种观赏千只鹤在晨空或暮色之中飞舞的憧憬。"

　　《睡美人》在1960年1月号到6月号、1961年1月号至11月号的《新潮》杂志上连载。川端康成的连载小说，始终在同一杂志上发表，这是鲜见的。其间曾由于川端接受美国国务院的邀请访问美国和出席在巴西召开的第31届国际笔会大会的缘故停止连载半年。

《睡美人》为川端康成的晚期作品。小说描写的是67岁的江口老人，经人介绍，连续五次来到名为"睡美人"之家的秘密会所，先后共与6名服用安眠药后熟睡不醒的少女共寝的奇异经历。它的荒诞内容使得评论界对其评价向来褒贬不一。纵观整部作品的构架，我们不难看出这是出于作者的匠心独运，探讨《睡美人》的深层内涵又是把握川端康成整个创作不可缺少的。在小说的幻想中构造一个环境，让年老的人面对青春时有所思考等。写出青春与年老、美与丑、生与死、人性与兽性、回忆等话题。

如果我们联系《睡美人》之前的川端康成的整个创作，了解他在其他作品中以不同形式反复演奏的主题，理清其发展脉络，我们会清晰地看到这篇重要作品的坐标。川端康成从创作伊始就存在的"恋母情结"、"处女崇拜"，在20世纪50年代对"入魔"、"入佛"的阐释，贯穿一生的"生死轮回"思想都在这篇不长的作品中作了川端式的诗意抒发。作品散发着现代主义的颓废情调，这是不言而喻的，然而它又体现了川端以东方文化传统对人生哲理的独特思考，全篇充满禅理，为此它又是一篇不容忽视的川端的典型作品。

川端康成笔下的江口老人流露出来的，是一种临近死期的恐怖感、对丧失青春的哀怨感，同时还不时夹杂着对自己的不道德行为的悔恨感。睡美人完全失去除了肉体以外的一切，成为一具没有灵魂的躯壳，成为一个植物人，老人在她们身边的存在，她们是无从知晓的。睡美人和老人之间的关系既没有"情"，也没有"灵"，更没有实际的、具体的人的情感交流，甚至连眼神的交流也没有，完全是封闭式的。老人在睡美人的身边只是引诱出爱恋的回忆，忏悔着过去的罪孽和不道德。对老人来说，这种生的诱惑，正是其生命存在的证明。大概作家要表达的是这样一个性无能者的悲哀和纯粹性吧。老人从复苏生的愿望到失望，表现了情感与理智、禁律与欲求的心理矛盾，展现了人的本能和天性。而作家的巧妙之处，在于他以超现实的怪诞的手法，表现了这种纵欲、诱惑与赎罪的主题。另一方面，作家始终保持这些处女的圣洁性，揭示和深化睡美人形象的纯真，表现出一种永恒的女性美。所以，作家描写老人对于睡美人不是粗野，而是文静地迸出生命的原始渴求和力量。可以说，像《睡美人》这类作品不能只从表面情节来下定论，因为其作为文学表现的重点，不是放在反映生活或塑造形象上，而是着重深挖人的感情的正常与反常，以及这种感情与人性演变相适应的复杂性。

3. 其他方面的成就

第一，独具特色的掌小说。20世纪20年代，现代小说在日本传统的极短的小故事的基础上，借鉴和融入了西方小小说的某些表现手法，将日本小小说的创作推进到一个崭新的阶段。1924年，在新感觉派期间，把这种文体称之为"写在掌上的小说"、"掌上小说"，从此"掌小说"就成为日本小小说的固有名称，而且很快在日本流行起来。掌小说作为文学形式有四大优越性：其一，适合日本人的欣赏习惯，日本本国传统的文学形式都是较短的，在小说方面自然也能完成较短的掌小说的形式；其二，具有最现代的因素，短篇小说形式多样，内容灵活，把握起来难度不大；其三，普及化程度高，创作者能够在较短的时间内完成，而且对于创作者的文化程度和素质的要求不高；其四，掌小说形式是最艺术、最纯粹的，任何的灵光闪现、瞬间的情感，都可以原封不动地移植到这种形式里。

关于川端康成掌小说的分类，在把握其掌小说内容的基础上，大致可以划分为：（一）带自传体色彩，反映孤儿生活和爱情纠葛；（二）以写实的手法，表现社会底层人物的辛酸生活；（三）描写男女之间，特别是少男少女之间的纯情；（四）对都市生活的丑陋的讽刺和鞭挞；（五）以超现实的手法，表现了生与死的主题等五大类。川端康成的掌篇小说创作，就其思想倾向来说，大体上同其全部小说创作三个时期的基本倾向互相呼应，运行在同一轨迹上。

关于川端康成所写的掌篇小说数量，历次出版的《川端康成全集》的掌小说卷，都有不同程度的舍弃，因此篇数不等。20世纪80年代初新潮社出版的最多收入的一次共有二百二十二篇。川端康成如此重视掌小说的创作，其原因有以下几个方面。首先，日本国民向来喜爱短小精悍的文艺形式，传统的小小说最易为读者所接受，而且其时也受到西方流行极短小说的影响。其次，写掌篇小说就像写不分行的诗，可以即兴抒写，而且比诗更自由。第三，掌篇小说体制短小，尤其对于体弱多病、难以有更多的精力构思和创作长篇巨著的川端康成来说，是最明智的选择。川端康成掌小说的特征，从在小说之前冠以"掌"字，就可以看出强调小说之极短，其形式多变，极具灵活性，但要求语言简洁，构思精巧，意境含蓄，内容凝练等。从这些要求看来，似乎比短篇小说更为严格。

因此，川端康成的掌小说之美，首先美在意境。他的掌小说以意境取胜，着力追求一种内涵的深透的意蕴。川端善于以敏锐的目光，从生活的海洋中撷取片段的小浪花，这些小浪花虽然一现即逝，却给人留下无穷的美妙意境。尤其写少年男女的纯情，虽没有宕跌的情节，也没有惊人的矛盾冲突，但他们的友谊的发展却蕴含在平凡的生活动态之中，在读者面前呈现出一种深远的艺术境界。这种意境，含蓄隽永，朦胧而难以捉摸。

其次，川端的掌篇小说之美，在于用笔简约而人物感情内涵丰厚，掌篇小说既然是小说，也就不同于诗歌和散文，它要在极短的篇幅之内，设计故事情节、塑造人物与描摹场景等。川端在掌篇小说创作中，保持了小说构成的要素的同时，非常注意简化故事和场景的描摹，塑造人物也不求写其全貌，而是突出人物的主要特征。以他的爱情小说为例，便非常注意节约情节和景物，而将男女，特别是女子的恋爱心态依次展开，作绝妙的细致描写，使人物有血有肉，有情有感，又不失其表现主题的完整。此外，川端康成的掌篇小说非常注意选择和提炼用语，语言凝练流畅，同时重旋律，比较具有音乐性，显示了作家锤炼文字语言的功力和修养，这也成为其掌篇小说美的灵魂。

第三，多姿多彩的评论。川端康成在成为《文艺时代》同人之前，就开始了文学评论活动。他的文学评论主要分两大部分，一是作家作品论，二是"文艺时评"。他的第一篇评论是《南部氏的风格》，发表在1921年12月号的《新潮》杂志上。此外，川端还写了评论菊池宽的《菊池宽论》、《菊池先生与我》《评〈珍珠夫人〉》等文章，积极肯定菊池宽提出的"生活第一、艺术第二"的主张。

川端在评论中关注最多的，是他的挚友横光利一。关于横光利一提出的"纯粹小说"这一概念，引起了文坛的一场论争。川端发表了《〈纯粹小说论〉的反响》一文，在综述各家的意见之后，强调了他对中村光夫的"自我意识正是新的现实、新的人物形象。因此，表现自我意识正是新的文学的任务"这一论点表示了赞同，认为"在对横光的《纯粹小说论》的许多反响中，中村的《关于纯粹小说》是最富有兴味、最出色的批评"。他能够站在客观的角度对好友的文论予以正确评价，这是不容易的。作为一个文艺批评家，川端进行文学批评的时候，首先强调要努力提高自己作为批评家的教养，要求自己既客观理解批评的对象，又要运用自己能动而积极的思考，立论要有创造性，坚决反对独断式的批评。其次，主张努力确立自己的文学论，掌握批评的方法，以语言学、修辞学和美学作为依据，从理论上阐明文学的表现。再次，提倡文艺批评要讲真实，这是为了让文学本身进步，而不是为了与马克思主义文学论战斗。

关于批评，川端康成有着自己的见解："我对谈论自己的作品不感兴趣。无论对于什么批评，我都不曾作过答辩。我对自己的作品经常持否定的态度。但是，作品离开了我的手，就与读者一道自由生存，这是作者的幸运。由于作品和读者的结缘，产生作者预期不到的效果。而作者作为第三者必须尊重它……作家对于自己的作品，无论是绝对谦虚或是绝对自满，恐怕都是不可能的。我要努力做到谦虚，对各种批评都想听一听，但许多时候是近乎听了也不在意。我之所以对各种批评从不做出回答，大概是因为我既不想由任何批评来左右我的写作，也不想由任何批评来为我的作品做出结论。

第七章 荣誉与无言的死

1. 荣获诺贝尔文学奖

　　川端康成数十年笔耕不辍，促进了日本文学的发展，加强了东西方文学的交流与融合，着实贡献良多。川端康成在日本国内曾获得了诸多文学奖项，他于1944年获得了菊池奖；在1952荣获艺术院奖；1954年获野间文艺奖；1961年摘得每日出版文化奖。因此，他在日本国内有着极高的声誉，他在1953年成为艺术院的一员，艺术院是日本文学艺术最高的荣誉机关；他的代表作有《禽兽》、《雪国》、《名人》、《千只鹤》、《山音》等，文学业绩卓著。又因川端康成成功领导召开了国际笔会日本大会，作为日本文化功臣，为表彰他的功绩，他在1961被日本政府授予第21届文化勋章；1957年，联邦德国政府授予他歌德金牌；1960年法国政府向他颁发了艺术文化勋章；1968年川端康成凭借着《雪国》、《古都》、《千只鹤》三部作品荣获诺贝尔文学奖，在世界范围内赢得了广泛的声誉。

　　对于川端康成来说，1968年10月17日是个特殊的日子，这天晚餐结束后，他接到一家外国通讯社的电话，得知他被瑞典文学院授予诺贝尔文学奖的消息，不久之后，很多日本和国外的记者都来到了他位于镰仓长谷的家中，川端康成身着墨蓝色和服答记者提问，他竟然说"虽有所闻却是不虞之誉"。随后，日本文化厅长官今日出海也带领文艺界人士送来了鲜花以示祝贺。

川端康成获得诺贝尔文学奖的喜讯使整个日本文坛和舆论界都为之震动。第二天，川端康成获奖的消息被东京各大报刊破例以头版头条争相报道，接连几日发表了很多由多位知名作家和评论家所写的文章和座谈记录，很多和川端康成相关的人都在报刊上发表文章，包括伊豆汤本馆的老板娘，作为《雪国》驹子原型的松荣，租房子给川端康成写《古都》的房东太太，中学的老师等。自此以后，日本文学开始被世界其他地方的读者接受，日本本土人士也对日本文学更加重视和关心。他们认为这不仅是川端康成个人的成就，更是日本的骄傲，因为自1901年诺贝尔文学奖创立以来，川端康成是继印度诗圣泰戈尔之后第二个获得这一殊荣的亚洲人。有些人士还认为川端康成的文学，作为世界文学确定了其权威性，诺贝尔文学奖的天窗，经川端康成的手被日本文学打开了。因此，将诺贝尔文学奖授予川端康成，对于日本的小说被列入世界作品群中具有重要的意义。

日本文艺界人士说川端康成开始被人们所注意是在1962年，究其原因是由于他成了诺贝尔文学奖的候选人之一。作为诺贝尔文学奖的评选委员之一的哈利·马其逊曾透露："有三名日本作家被提名为候选人"，但却没有具体说明是哪几人。其实从后来了解到的情况中得知这三人是川端康成、谷崎润一郎、西胁顺三郎。从1962年开始至1968年，川端康成每年都被提名为诺贝尔文学奖获奖候选人。在1965年，与川端康成一直保持着亦师亦友关系的三岛由纪夫也作为诺贝尔文学奖的候选人被提名。1968年，川端康成和三岛由纪夫成为日本国内获奖呼声最高的两个人，日本的新闻媒体甚至已经提前做好了采访的准备工作，通过现代化的传播媒介，川端康成获奖的这一消息很快就为日本各地的人所知晓。

瑞典驻日大使于10月19日上午亲自前往川端康成的家里，正式传达了川端康成获奖的消息，并且将参加斯德哥尔摩授奖仪式的请柬当面转交给了川端康成。成百上千的记者、前来祝贺的客人、普通群众都围在川端康成的宅邸，为了维持秩序，警察局出动了数名警察。川端康成不停地会见客人、接受记者的采访和拍照，由于川端康成不喜与人过多交往，因此只好耐着性子回答了记者的提问。

一连数日，川端康成就如出名的艺人一般，只要一上街就会被不同肤色的人所包围并要求握手和索要签名以表示祝贺。还有外国人操着不熟练的日语喊着他的名字向他表示祝贺。为了庆贺川端康成获得了诺贝尔文学奖，日本笔会于11月29日为川端康成举办了盛大的祝贺会，日本首相夫妇和瑞典驻日大使夫妇都亲自到场表示祝贺。川端康成性格内向孤僻，本不善交际，在大家强烈要求下他只好以夫人在场为由推辞，没有作任何的致辞径直走下台去，融入了人群之中。12月3日，在去羽田机场准备飞去斯德哥尔摩出席授奖仪式的路上，川端康成突然表现出莫名的不悦，便脱口一句："随你们的便，我可不想去。"其他人对他的表现一头雾水。随后到了羽田机场，川端康成仍旧是一脸的不悦，神色显得甚是疲惫，来回地在候机室里慢慢地踱着。就在大家担心川端康成的精神状态时，他突然又很愉悦地说了句："呵，我渐渐变得快乐起来了。从明天起，就可以摆脱这些恼人的事了！"这次行程的随同人员除了国内的记者还有他的夫人秀子、他的女婿香男里、石滨恒夫及其女儿春上、作家北条诚的女儿元子。

川端康成抵达斯德哥尔摩之后就一直忙于应酬，但在授奖仪式上宣读的演讲稿还没有完成，所以只要一有时间川端康成就会继续写作他未完成的演讲稿。

期待已久的授奖仪式终于来了。1968年12月10日，这将是川端康成毕生难忘的一天，他一身地道的日本式打扮，进入设在音乐厅的会场，这里将因为川端康成荣获诺贝尔文学奖而举行盛大而又庄重的授奖仪式。在代表日本政府的日本文化厅长官今日出海和瑞典的外交部礼宾官的陪同下，他步伐矫健地步入音乐厅会场。他走进会场后，雷鸣般的掌声和镁光灯的闪烁声在全场响起，向其致以最热烈的欢迎，之后，川端康成端端正正地坐在获奖者席末座。

安德斯·奥斯特林作为瑞典皇家文学院常务理事，也是诺贝尔文学奖评选委员会主席，由他致授奖辞。他首先向与会的众人介绍了川端康成的优秀代表作品，随后安德斯·奥斯特林宣读了奖状题词：

川端康成先生：

这份奖状，旨在表彰您敏锐的感受，高超的叙事技巧，表现了日本人的精神实质。

在安德斯·奥斯特林代表瑞典皇家文学院致辞之后，瑞典国王亲自向川端康成颁发了1968年年度诺贝尔文学奖的奖章、奖状和奖金证书。

授奖仪式结束后的当天晚上，川端康成在瑞典政府举行的盛大的诺贝尔奖纪念宴会上，致了答谢辞：

国王陛下诺贝尔财团理事长、各位理事、瑞典科学院各位先生、女士们、先生们，这次我承蒙瑞典科学院的推荐，由国王陛下亲授1968年年度诺贝尔文学奖，这是我一生的光荣，由于诺贝尔奖具有最光辉灿烂的历史，它也奖给外国人，所以可以说它是博大的世界奖，况且日本近年来已有物理学的汤川、朝永两位博士获此殊荣。这项奖赏的创始人诺贝尔先生，曾用数国语言写过诗歌和散文，基于这种精神，诺贝尔文学奖也奖给各国的文学家，东方的获奖者是1913年印度的泰戈尔。这次获奖，实际上是此后五十五年的今天才授给东方人的。由于国家语言的不同，要给外国文学授奖，是很难评选的，尤其是我的情况，是通过翻译来加以审查的，承蒙瑞典科学院的各位先生的英明决断，对此我深表敬意和感谢。相隔五十五年又给东方人授奖，我相信日本自不消说，亚洲各国以及操持着不为世界广泛知道的语言的各个国家，也一定会受到强烈的鼓舞吧。当我想到我获奖的幸运和获奖的喜悦，绝不只是我对个人，而且恐怕也是对世界文学具有巨大而新颖的意义的时候，我的感动就变得更加深沉。今天晚上，诺贝尔财团为我们的获奖举行如此盛大的庆祝宴会，获此殊荣并作如上简略致谢的我，感到这可能甚至也象征着东西方的理解和友爱、世界文学的今天和明天，我心中不胜感激，谢谢大家。"

12月12日的上午，川端康成专程拜访诺贝尔基金会，回来后一直在写他那未完成的演讲稿，直到演讲会开始前一个小时才算完成。下午2点，川端康成在瑞典文学院礼堂展开了题为《我在美丽的日本》(最初定稿时题目为《日本的美和我——序说》，后来在第二年的三月被改为此名出版，并被翻译成英文出版)的讲演，他通过引用禅宗诗僧希玄道元、明惠上人、西行、良宽、一休宗纯等人的诗句，芥川龙之介、太宰治的小说，《古今和歌集》、《伊氏物语》、《源氏物语》、《枕草子》等日本传统古典名著，以及绘画、花道、茶道的精神，深入细致地介绍和剖析了作为东方传统一部分的"日本美的传统"。川端康成于晚上7点半还出席了由日本驻瑞典大使馆大使夫妇主持的招待会。从起程前往斯德哥尔摩一直到整个授奖仪式全部结束，在此期间他几乎每天都工作一整天。就在结束招待会的当晚，他回到宾馆一声长叹之后，便倒头沉沉地睡去。

在斯德哥尔摩的行程结束之后，川端康成开始游访欧洲多个国家，而在这一时期，他获得了他的家乡茨木市的"荣誉市民"的称号。第二年1月，川端康成结束了对欧洲各国的访问回到了日本，日本参众两院也向他表示了祝贺。他于3月赴美国夏威夷大学以客座教师的身份进行讲学，在夏威夷大学期间，他分别在夏威夷大学及其分校作了两次题为《美的存在与发现》的演讲。在访美期间，川端康成先后被美国文学艺术院夏威夷大学授予"名誉会员"、"名誉博士"称号。6月，回国后的川端康成又被他定居的镰仓市授予"名誉市民"称号。同年9月，川端康成作为文化使节再次赴美，前往旧金山参加在那里举行的日本周活动，其间作了题为《日本文学之美》的演讲。一般的学者认为，它同《我在美丽的日本》、《美的存在与发现》一起，全面系统地阐述了日本文学的传统美，形成了川端康成独特的日本美论与日本艺术观，同时也构成了他特有的美学理论体系，浇灌了川端康成文学著作这朵奇葩。

然而这样忙碌又功名卓著的川端康成并不是"自由"的，他认为"荣誉和地位是个障碍"，只会让"心情更加沉重"，并"希望从所有'名誉'中摆脱出来，让我自由"。

川端康成获得诺贝尔文学奖后，社会各界的反应不尽相同，国际的评论界掀起了热烈的讨论。

绝大部分人对于川端康成荣获诺贝尔文学奖的最初反应是惊讶甚至不解，这几乎出乎所有人的预料，他们认为此次大奖会归于某位欧洲名家，如萨缪尔·贝克特等人。当瑞典文学院选中这位日本作家作为亚洲第二位获奖者时，确实震惊了那些始料未及的人们。他们惊讶的原因之一，是川端康成只有很少一部分作品被译成少数几种西方文字，他的名字几乎不为外界所知。

川端康成获奖后，评论的大部分内容是关于他的东方式或日本式特质，最突出的是他对自然和日本景色深刻、敏锐、细腻的描绘。诚然，对川端康成作品中日本主题进行评价，这一着眼点是正确的，然而这也说明了西方人对川端康成了解甚少，因为川端康成毕竟不同于其他日本作家。的确，对那些不甚了解日本文化和社会的读者来说，川端康成作品中的精妙细微之处都不具什么魅力。尽管川端康成小说中的句法简单得令人意想不到，但他的作品仍使人觉得晦涩难读，这主要是因为他的创作具有独到的特征，而不仅仅是文化差异的原因。随着他的获奖，他的更多的作品被翻译出版，随之而来的是对作品更审慎的评价。从总体上来说，西方评论家对川端康成作品的某些方面，如情节结构与人物塑造方面的明显不足，感到迷惑不解而大伤脑筋。然而，包括戈温·鲍德曼·佩特森在内的许多评论家却认为，"仔细阅读他的作品，会发现西方作品中不曾有过的美学体验"。

2. 与爱徒三岛由纪夫

三岛由纪夫本名平冈公威，日本著名小说家，剧作家，记者，电影制作人，电影演员，是日本战后文学的大师之一，不仅在日本文坛拥有高度声誉，而且在西方世界也有极高的评价，甚至被有些人誉为"日本的海明威"，曾先后两次入围诺贝尔文学奖，也是著作被翻译成英文等外国语版本最多的日本当代作家。代表作有《虚假的告白》（1949年）、《潮骚》（1954年）、《志贺寺上人之恋》（1954年）、《金阁寺》（1956年）、《忧国》（1966年）、《丰饶之海》（1966年—1970年）等。1970年11月，三岛由纪夫煽动军队组织武装政变失败，切腹自杀。他是一个在政治思想上谬误多端、在艺术上的成就又不容抹杀的复杂人物。

1925年1月14日，三岛由纪夫出生于东京市四谷区永住町2番地（今东京都新宿区四谷4丁目）。三岛的祖母夏子具有日本贵族血统，三岛在上中学之前一直是与执掌家族大权的祖母同住，因为过分的保护与管教，构成他贫弱的体质与孤独、甚至有点女性化的人格品质。健康上他患有自我中毒症，体质纤弱敏感。祖母的熏陶使他有非常多的机会接触歌舞伎与能剧等艺文活动，再加上喜好西方文学的母亲的鼓励，都为他日后在小说、舞台剧剧作方面的创作打下了基础。

三岛从6岁开始，就进入皇族学校学习院初等科就读，并且在学院的内部刊物上发表诗歌与俳句作品。12岁时初等科毕业后进入中等科，加入文艺部，在1937年7月于校内文学杂志《学习院辅仁会杂志》的159期上发表散文作品《春草抄——初等科时代的回忆》，并且在之后就读学习院中等与高等部的6年间，持续发表更多诗歌、小说、戏曲方面的作品。

1938年时，三岛在《辅仁会杂志》的161期上发表了他个人的第一部短篇小说《酸模》。1940年，三岛开始以"平冈青城"的俳号与笔名，发表了包括《山栀》在内的俳句与诗歌作品，在这年纪时就有能力发表《十五岁诗集》这般的合集作品。在同年的辅《仁会杂志》166期中，他发表了另外一篇短篇小说《彩绘玻璃》。1941年，16岁的三岛担任《辅仁会杂志》的主编，开始撰写中篇小说《百花怒放的森林》，他当时的国文老师清水在看了他的作品后大加赞赏，推荐他向自己参与的文学同人志《文艺文化》投稿，并且使用"三岛由纪夫"的笔名，由此三岛由纪夫这名字在日后享誉全世界。1944年10月，三岛由纪夫的小说《百花怒放的森林》由七丈书院印刷出版，成为他进入文坛的作品，此后他真正成了一位专业作家。

1946年，时年21岁的三岛由纪夫带着自己完成的中篇小说《中世》与短篇小说《烟草》到镰仓拜访日本当时的文学界巨擘——川端康成。受川端康成的推荐，《烟草》最终发表在镰仓文库杂志《人间》的第1卷第6期上，此后他经常在《人间》上发表作品，并且受到当时杂志的主编木村德三之指导帮助。在川端康成的帮助下，三岛由纪夫终于跻身文坛，因此对他而言川端康成是个亦师亦友的重要人物，两人之间的师徒之谊甚至到了死时都还保持着。

1951年，三岛由纪夫的《禁色》在《读卖新闻》上，与川端康成的《千只鹤》和《山音》以及大冈升平的《野火》一起，被选为年度的最佳杰作。1968年三岛由纪夫同川端康成、石川淳、安部公房等作家就中国"文化大革命"发表联合声明，呼吁"维持学术与艺术的独立自主"，反对"将文学艺术作为政治权力的工具"。

川端康成还为三岛由纪夫的第一部长篇《盗贼》撰序，客观地评价"三岛君的早熟的才华，既令人目眩，也令人哀怜，三岛君的新，使人不容易理解。三岛君本人恐怕也不容易理解。有人认为三岛君没有通过自己的作品让人负伤，也有人认为他的作品露出三岛君无数深深的伤痕。其冷峻的毒素，也有一种似是绝不让人吞饮的强烈度。其脆弱的人造花，也有一种似是鲜花精髓编成的鲜活度"。三岛出版超长篇小说《丰饶之海》四部曲，川端盛赞其中的《春雪》，"这部长篇是《源氏物语》以来日本小说的名作"。

三岛对日本传统的武士道精神和严厉的爱国主义深为赞赏，对日本战后社会的西化和日本主权受制于外国非常不满。三岛在1965年以自己的小说《忧国》为蓝本自编自演的同名电影预示了他的结局。影片中一位忠于天皇的日本上尉在1936年的政变失败后切腹自杀。1968年，三岛组织了自己的私人武装——"盾会"，声称要保存日本传统的武士道精神并且保卫天皇。经过长时间的准备，三岛于1970年11月25日将他政变的计划付诸实施。当天三岛交付了《丰饶之海》的最后一部《天人五衰》，并指示将过去发表的"异类主题短篇小说"集结成书《殉教》，随后带领4名盾会成员在日本陆上自卫队东部总监部，以"献宝刀给司令鉴赏"为名将师团长骗至总监办公室内，并绑架为人质。三岛在总监部阳台向800多名自卫队士官发表演说："日本人发财了，得意忘形，精神却是空洞的，你们知道吗？"呼吁"放弃物质文明的堕落，找回古人淳朴坚忍的美德与精神，成为真的武士"，随他发动兵变，推翻否定日本拥有军队的宪法，使自卫队成为真的军队以保卫天皇和日本的传统，但是没有人响应，士官们甚至大声嘲笑三岛是疯子。

　　三岛随后从阳台退入室内，按照日本传统仪式切腹自杀。三岛由纪夫在额际系上了写着"七生报国"字样的头巾，用白色的布将预备切腹的部位一圈圈紧紧地裹住，拿起短刀往自己的腹部刺下，割出了一个很大的伤口，肠子从伤口流出来。随他同来的两位盾会成员之一的森田必胜用名刀"关孙六"为三岛进行介错，但连砍数次都未能砍下他的头颅，三岛由纪夫难忍痛楚，试图咬舌自尽，还沉吼低呼着："再砍！再砍！使力！"第四次介错改由学习过居合道的盾会成员古贺浩靖执行，终于成功。之后森田必胜也切腹自杀。其他三名成员依"委托杀人罪"各判处四年的有期徒刑。三岛由纪夫切腹自杀时，不少作家赶到现场，只有川端康成获准进入，但没见到尸体。这个事件让川端很受刺激，他对学生表示，"被砍下脑袋的应该是我"。三岛自戕后，川端康成前往现场观看了三岛身首分离的遗体，受了很大刺激。之后，川端康成又亲自主持了葬礼，说三岛的精神仍"活在许多人心中，并将载入史册"。

3. "无限地活"

1972年4月16日深夜，一个不仅令日本列岛，也让世界文坛哗然震惊的消息传扬开来——川端康成自杀身亡。在荣膺诺贝尔文学奖三年多之后，川端康成采取自杀的形式离开人世了。据川端康成家人透露，4月16日下午2点45分，他对家人说："我散步去。"就离家走了，这是他留在人间的最后一句话。这年1月中旬，川端康成在玛丽娜公寓的四楼购置了一套房间，作为工作室，每周三次带助手前往工作室写作。下午他一个人离家，直到晚上未归，家人吩咐川端康成的助手岛守敏惠去公寓寻找，岛守敏惠在9点45分到达工作室时，发现川端康成已身亡。

警察的调查报告显示，他死亡时间是下午6点，公寓管理人员说，川端康成下午3点到了公寓。助手去公寓时，只见他躺在盥洗室的棉被上，口含煤气管，已没了气息。枕边，放着打开瓶盖的威士忌酒和酒杯。没有留下遗书。

早在34岁时，他就说过，"无论怎样厌世，自杀不是开悟的办法，不管德行多高，自杀的人想要达到的圣境也是遥远的"，"我讨厌自杀的原因之一，就在于为死而死这点上"。1968年获诺贝尔文学奖之后，他还重复地说："我既不赞同，也不同情芥川，还有战后太宰治等人的自杀行为。"这后一句话，他在获诺贝尔文学奖时的致辞，《我在美丽的日本》里再一次提到。他讲到了两次自杀未遂的一休禅师。说一休为宗教人生的根本问题所困惑，疾呼"倘有神明，就来救我。倘若无神，沉我湖底，以葬鱼腹"，便想纵身跃入湖中，幸而被人阻拦。川端说他深为一休"入佛界易，进魔界难"的条幅感动。深深沉迷在日本的美丽之中的川端，似乎信誓旦旦，似乎企图说服自己，但他最终还是自杀了。也许光从字面上看的话，我们一定会相信川端康成是拒绝自杀的，至少他本人也如此相信。可惜事实证明：《临终的眼》不仅是写别人的，也是写他自己的。

其实，川端康成对自杀的神往，一直都有迹可求。他在《临终的眼》里有这样两句话，"我孑然一身，在世上无依无靠，过着寂寥的生活，有时也嗅到死亡的气息"，"我甚至想过，若是没有留下有价值的东西，反而更能畅通无阻地通往安乐净土"。并且，川端引用了芥川遗书《给一个旧友的手记》上长长的两段话，可以看出芥川之死对川端心灵的深刻影响。"你可能还记得，二十年前在那棵菩提树下，咱们彼此谈论过艾特纳的恩培多克勒吧，那时候，我自己是很想成为一个神的"，"也许你会笑我，既然热爱自然的美而又想要自杀，这样自相矛盾。然而，所谓自然的美，是在我'临终的眼'里映现出来的"。川端康成未留下只字遗书。他早在1962年就说过："自杀而无遗书，是最好不过的了。无言的死，就是无限地活。"他在获得荣誉与地位之后这样突然默默地自杀身亡，这本身就隐藏着一个深深的谜。

的确，遗书是对这个世界的最后追忆，心若止水，一心求亡的人，对凡尘已没有了眷恋，带着平静的心情结束生命，让一切在死亡中销声匿迹，这一世的轮回，自愿地完结。一路上有彼岸花的微笑，在心跳的停止中安息宿命，了无牵挂，正如来时的简单空灵。实际上，死亡意识和生命意识是并辔而行的。对死亡的恐惧从根本上是源于对生命的热爱，正是这两种意识在心中形成了两座巨大的山峰，无情地啃噬着他的灵魂，折磨他的精神。一种是个体在苦难的压迫之下的希望，尽快了结暗淡无光、索然无味的人生的愿望，粉碎着人们的一切挣扎与努力；另一种是人类本身的积极的抗争力量，漠视一切失败与绝望，将生存视为第一要义。自杀是渺小的个体在心灵绝望或世俗、偏见、强权压迫下对心中理想和信念的最后维护，也许是"曲高和寡"的孤独极限，也许是以死来成就人格的完美，是一种无言的抗争与控诉。然而无言的遗书，总是留给世人无限的遐想与猜测，也便是"无限的活"。

生与死是人生的最大问题，最根本问题，最重要问题，在本质上就是哲学问题，是否定与被否定的关系：生就是对死的否定，死便有了意义；死是对生的否定，是在生的基础上的升华。所有的宗教教义的出发点也是生与死的问题。不管是上天堂、还是到极乐世界，抑或下地狱，都出不了生死的圈子。几乎所有的教义都告诉你，要好好地活，好好地死……茫茫宇宙，人类生于斯，长于斯，死于斯，对于"生"，人们想得多，体验得多，企盼也多，而对于"死"，人们就不愿想、更不愿多想，万分害怕它的突然降临。但是"死"这种情况无论人们愿意与否，思索与否，都必在某时某刻出现。从"生"的欢欣、感受和追求突然被抛到毫无感觉、知觉，毫无活力和生存的无法捉摸的冰冷"黑洞"内，这岂非是人类最大的悲剧。实际上，"死"是源于"生"的，试想一下，万物若不"生"，又焉能有"死"？反之，万物若不"死"，又怎能有"新生"？或许当初川端康成自杀时也是为了获得"新生"吧。

作为艺术家，他觉得"死是最高的艺术，死就是生"。那么，他是殉职而死，尤其是离开家，走到工作室去结束生命，更说明了他的用意之深。川端康成喜欢清静，对佛教情有独钟，晚年的业余爱好是书法，汉字写得很精彩，而内心却异常矛盾。对于获奖所带来的荣誉和涌来的慕名者，心里十分厌恶，这与他幼年的心理封闭有关。他对夫人发脾气"家里并不是旅馆，我也不是为客人活着的"。他对因自杀身亡的古贺春江的口头禅极为赞赏，"再没有比死更高的艺术了。死就是生"。川端康成在极度忧郁、矛盾中选择了"最高的艺术"——自杀。

4. 死亡之谜

自杀是可以传染的，在日本，自杀几乎成了笼罩在艺术家身上的一个可怕的噩梦。芥川龙之介、古贺春江、川端康成、太宰治、三岛由纪夫……最终都以极端的方式，结束了自己的生命。1972年4月16日，川端康成这位追寻东方美的文学大师，在公寓以含煤气管自杀的方式结束了自己的生命。这一年，他73岁，离他因"以敏锐的感受及高超的叙事技巧，表现了日本人的内心精华"而获诺贝尔文学奖仅过三年多。社会各界对川端康成的自杀感到不解，甚至是怀疑。因为川端康成是日本第一位获诺贝尔奖的作家，其作品在日本有着广泛的影响。

由于川端康成的政治主张和创作活动较为复杂，其作品在日本影响深远，而且死前他又没留下可供分析、研究的只言片语，这无疑为人们探究他自杀的动机带来了一定的难度。因此，他的自杀给人们带来了巨大的震动和惊异，人们纷纷猜测：川端康成到底出于什么动机才会自杀的呢？关于他自杀的原因和动机，人们主要有以下几种说法：

第一种说法是死于病魔缠身。川端康成自杀的第二天，《朝日新闻》刊登了一篇报道说："他的死已经过去一夜，但他的亲朋好友们似乎仍然满腹狐疑，认为原因在于人们猜想的他或许是得了癌症。"川端在自杀前不久的3月7日到15日，患盲肠炎在镰仓市佐助一丁目的道体外科医院住院动手术，当时医院规定一律禁止探望。因此，有人以为川端怀疑自己得了癌症，即以自杀进行摆脱。但为川端做手术的道体祐二郎却认为这"完全是无稽之谈"，而且从其他当时接触过川端的人口中也未能得到川端患有某种疾病的证词。川端的主治医生本田正平也在《朝日新闻》上撰文认为："我为川端先生看病已有二三十年。他除胆石症外，没得过十分值得一提的病。只是上月中旬患急性盲肠炎，手术后恢复很快，精神很好，完全无从判断他为什么自杀。"

第二种说法是死于安眠药中毒。经常为川端理发的理发师猪獭清史提供了川端死前一周，即4月10日的一个细节："那天去为川端先生理发，当时他躺在床上，不断地挪动身体、拂掉头发等，显得焦躁不安。我说:'你太累了吧。'他说:'我已经四宿没睡觉了。'"这样一来,安眠药的问题就不能不引起人们的注意。川端开始服用安眠药是在第一高等学校学习的时候。他年轻时就睡觉轻,神经敏感,不得不服用安眠药。结婚以后,这个习惯也没有改变。川端在《安眠药》这篇随笔中写道:"昭和二十九年(1954年)在报上发表连载小说《东京人》,前后共五百多天时间。从那时起,染上了连日服用安眠药的恶习。"那么,服用安眠药会出现哪些可怕的症状呢?川端的夫人秀子后来在回忆录中写道:"因为过多服用安眠药,到了白天,还有药效,曾有几次迷迷糊糊地撞在柱子上。他一生也没有能够离开安眠药。"川端自己在《安眠药》一文中也描述了这种情形:"因服用安眠药,起夜时经常神志不清,闹出一些笑话。有一次是在自己家中,醒来时,睡在浴盆旁边。还有一次从厕所回屋时走错了路,摔倒在门外的脱鞋石下面,扭伤了脚脖子,当时竟又回到屋里睡下,根本不知道自己摔倒和扭伤的事。别人还告诉我,起夜时我经常迷失方向,在走廊跟跟跄跄地四处碰壁,犹如醉鬼一般。服药后,药劲一发作,就说个没完、吃个没完。住旅馆时,曾经走到别人的房间里,出过丑。而这种情况,早在战前就发生过。更为严重的是,曾在伊东暖香园旅馆出过一次丑。那天我比平时多吃了几片安眠药,睡下了。起夜后回到屋里,刚把脚伸入被窝,就听到一个男人温柔的声音:'来了?'接着,他抱住了我的脖子。我大吃一惊,药劲也一下子醒了。这时我才发现屋里有两个被窝,另一个里面睡着一个女人。正在睡觉的男人以为是自己的妻子来了。我简直无地自容，头也不回，一溜烟跑回自己屋里。我是怎样从女人枕边走过，又钻进男人被窝的？自己也莫名其妙。"根据川端康成的这些安眠药中毒症状，日本一些学者和研究人员认为，关于川端的自杀，是否可以这样推测：他确是煤气自杀，但他打开煤气栓时，会不会处于上述神志不清的状态之中呢？也许，4月16日，川端离开家来到逗子玛丽娜高级公寓后，马上服用了安眠药。而且，在半睡半醒之中，无意识地打开了煤气栓。如果这一推断成立，就很难说川端是否真的有意自杀了。当然，确实是他自己动手打开了煤气栓，就形式而论，无疑应算自杀。但如果打开煤气栓时处于半睡半醒之中，自己并没意识到这一动作。那么，与其说是自杀，莫如称之为事故更合适。

第三种说法是死于思想负担过重。1968年川端康成获得诺贝尔文学奖后，日本举国上下为他欣喜若狂，不仅报端以大量的篇幅报道了这件事，而且裕仁天皇通过宫廷的一位高级官员以及佐藤首相亲自打电话向他表示祝贺。川端康成本人在接受日本和外国记者采访时，也掩饰不住内心的极度兴奋。他说："我很幸运。我之所以能得奖，主要归功于日本文坛，其次归功于我的作品的翻译者。我很高兴地看到，人们在我的书中所找到的日本文学的传统风格，已经被西方世界所了解、所接受了。"他的这番话，显然是对瑞典文学院给予他获奖评语的一个褒扬，流露出了得意扬扬的心情。这以后，川端康成未能再写出传世之作，作为社会名人的川端因而思想负担过重，只能以自杀了事。

第四种说法是死于精神崩溃和文学危机。中国不少学者和专家指出：川端康成在50年的文学生涯中，一贯坚持唯美主义文学方向。概括来说，他的创作特色是以虚无思想为基础，以虚幻、悲哀和颓废三个因素构成，主要反映与悲哀相关联的爱与死的主题，描写颓废的情绪，刹那间的感觉和受压抑的官能，来反映资产阶级腐朽没落的丑恶生活。后期作品中，这种颓废主义更加恶性发展，多从病态心理和色情描写出发，反映战后颓废腐朽的社会风气。

　　第五种说法是三岛由纪夫自杀打击说。日本有的学者和文学家在推测川端的自杀动机时，认为三岛由纪夫的自杀最终导致川端走上了绝路。1946年，三岛由川端推荐，发表了短篇小说《烟草》，从此正式进入文坛。其作品前期唯美主义色彩较浓，大多描写病态心理和色情故事，反映了战后初期颓废腐朽的社会风气；后期则主要有意识地利用小说为复活军国主义服务，这些都和川端的主张极为相近。因此，当1970年11月三岛煽动军队搞政变失败切腹自杀后，川端亲自主持"葬礼"，扬言三岛精神仍"活在许多人心中，并将载入史册"。由于打击太大，致使川端也走上了绝路。

　　第六种说法是死于支持秦野竞选失败。这也是不少日本学者的看法。川端曾公开支持警察头子秦野竞选东京都知事，川端原以为以自己的地位和名望，秦野竞选定能成功，岂料却以失败告终，川端受不了这个打击，只能自杀寻求解脱。

附　录

川端康成生平

川端康成（1899年6月14日—1972年4月16日），日本新感觉派代表作家，著名小说家，日本文学界"泰斗级"人物，亚洲第二位获诺贝尔文学奖的人，是获得该奖项的首位日本作家。1899年6月14日出生于大阪市北区此花町1丁目49番宅邸。幼年时父母双亡，之后祖父母和姐姐又相继病故，他一生漂泊无依，心情苦闷忧郁，久而久之，形成了感伤与孤僻的性格，这种内心的痛苦和悲哀奠定了川端康成的文学基调。1920年秋，在东京大学国文专业学习的川端康成，参与了《新思潮》杂志的第六次复刊。1924年3月于东京帝国大学毕业后，于同年7月与横光利一等创办《文艺时代》杂志，之后成为由此而诞生的新感觉派的核心人物之一。新感觉派衰靡之后，参加新兴艺术派和新心理主义文学运动，一生中创作小说100多篇，长篇少于中短篇。作品富于抒情性，追求人生的升华之美，作品中留下了深刻的佛教思想和虚无主义的烙印。早期作品多以下层女性作为小说的中心，写她们的纯洁与不幸遭遇。后期的一些作品写变态情爱心理，以其纯熟的手法，使作品浑然天成。

成名作小说《伊豆的舞女》（1926年），名作《雪国》（1935

年—1937年）。其他作品还有《浅草红团》（1929年—1930年）、《水晶幻想》（1931年）、《千只鹤》（1949年—1951年）、《山之音》（1949年—1954年）和《古都》（1961年—1962年）等。川端一生中创作了大量的小说和散文，其中尤以《伊豆的舞女》、《千只鹤》、《睡美人》、《雪国》、《古都》等最富盛誉。他的作品在虚幻、哀愁和颓废的基调上，以病态、诗意、孤独、衰老、死亡来反映空虚的心理、细腻的感情和忧郁的生活，追求一种颓废的至美，达到一种空灵虚无的艺术至境。川端笔下的人物主要是年轻妇女，体现了他唯美主义的倾向和执着地追求所谓"日本的美"，审视川端康成的作品，那种深刻的日式物哀之美，以及他在东西方文学实验上所做的贡献是极其巨大的，在探索美的漫长道路上川端先生是当之无愧的先驱与大师。

从少年时代开始创作，直至逝世，一生笔耕不辍，勤勤恳恳。他一直致力于追寻现代文化大潮中的日本式的古典美，即物哀之美，他所追寻的美也是东方文化氛围孕育的特有的日式美，是现代日本传统文学的中兴者。川端康成担任过国际笔会副会长、日本笔会会长等职务。1957年被选为日本艺术院会员。曾获日本政府的文化勋章、法国政府的文化艺术勋章等诸多荣誉。"以非凡的锐敏表现了日本人的精神实质"，于1968年获诺贝尔文学奖。瑞典文学院在授奖辞中特别赞扬《古都》，这是一部描绘日本古老首都的小说，它以哀伤的笔调记录了西方对日本日趋深刻的影响。《美与悲哀》(1965)表达了川端康成一贯的信仰——美的东西同时也令人悲伤。美，一方面象征着永恒；另一方面，当它体现于某个具体事物时，又只能是昙花一现，不会永葆丽质。目前已有多部他的作品在中国翻译出版。在荣获诺贝尔文学奖三年之后，1972年4月16日，川端康成突然采取含煤气管自杀的形式离开了人世，川端康成未留下只字遗书。

获奖辞

川端康成在诺贝尔颁奖典礼上的演讲词：

"春花秋月杜鹃夏，冬雪皑皑寒意加。"

这是道元禅师（1200年—1253年）的一首和歌，题名《本来面目》。

"冬月拨云相伴随，更怜风雪浸月身。"

这是明惠上人（1173年—1232年）作的一首和歌。当别人索书时，我曾书录这两首诗相赠。明惠在这首和歌前面还详细地写了一段可以说是叙述这首和歌的故事的长序，以阐明诗的意境。

"元仁元年（1124年）十二月十二日晚，天阴月暗，我进花宫殿坐禅，及至夜半，禅毕，我自峰房至下房，月亮从云缝间露出，月光洒满雪地。山谷里传来阵阵狼嚎，但因有月亮陪伴，我丝毫不觉害怕。我进下房，后复出，月亮又躲进云中。等到听见夜半钟声，重登峰房时，月亮又拨云而出，送我上路。当我来到峰顶，步入禅堂时，月亮又躲入云中，似要隐藏到对面山峰后，莫非月亮有意暗中与我做伴？"

在这首诗的后面，他继续写道："步入峰顶禅堂时，但见月儿斜隐山头。"

　　明惠当时是在禅堂过夜，还是黎明前又折回禅堂，已经弄不清楚，但他又接着写道：

　　"山头月落我随前，夜夜愿陪尔共眠。"

　　禅毕偶尔睁眼，但见残月余辉映入窗前。我在暗处观赏，心境清澈，仿佛与月光浑然相融。

　　"心境无边光灿灿，明月疑我是赔光。"

　　既然有人将西行称为"樱花诗人"，那么自然也有人把明惠叫作"月亮诗人"了。

　　"明明皎皎明明皎，皎皎明明月儿明。"

　　这首仅以感叹声堆砌起来的"和歌"，连同那三首从夜半到拂晓吟咏的"冬月"，其特色就是："虽咏歌，实际不以为是歌。"（西行的话）这首歌是坦率、纯真、忠实地向月亮倾吐衷肠的三十一个字韵，与其说他是所谓"以月为伴"，莫如说他是"与月相亲"，亲密到把看月的"我"变为月，被看的月变为"我"，而没入大自然之中，同大自然融为一体。所以残月才会把黎明前坐在昏暗的禅堂里思索参禅的我那种"清澈心境"的光，误认为是月亮本身的光。

　　正如长序中所述的那样，"冬月相伴随"这首和歌也是明惠进入山上的禅堂，思索着宗教、哲学的心和月亮之间，微妙地相互呼应，交织在一起而吟咏出来的。我之所以借它来题词，的确是因为我理解到这首和歌具有心灵的美和同情体贴。在云端忽隐忽现，照映着我往返禅堂的脚步，使我连狼都不觉害怕的"冬月"啊，风吹你，你不冷吗？雪侵你，你不寒吗？我认为这是对大自然，也是对人间的一种温暖的体贴入微的歌颂，是对日本人亲切慈祥的内心的赞美，因此我才书赠给人的。以研究波提切利而闻名于世、对古今东西美术博学多识的矢代幸雄博士，曾把"日本美术的特色"之一，用"雪月花时最怀友"的诗句简洁地表达出来。当自己看到雪的美，看到月的美，也就是四季时节的美而有所省悟时，当自己由于那种美而获得幸福时，自己就会热切地想念知心的朋友，但愿他们能够共同分享这份快乐。这就是说，美的感动，强烈地诱发出对人的怀念之情。这个"朋友"，也可以把它看作广泛的"人"。

另外，日本以"雪、月、花"几个字来表现四季时令变化的美，在这是包含着山川草木，宇宙万物，大自然的一切，以至人的感情的美，是有其传统的。日本的茶道也是以"雪月花时最怀友"为它的基本精神的，茶会也就是"欢会"，是在美好的时辰，邀集最要好的朋友举行的一个美好的聚会——顺便说一下，我的小说《千只鹤》，如果人们以为是描写日本茶道的"精神"与"形式"的美，那就错了，毋宁说这部作品是对当今社会低级趣味的茶道发出怀疑和警惕，并予以否定。

"春花秋月杜鹃夏，冬雪皑皑寒意加。"

道元的这首和歌也是讴歌四季的美的。自古以来，日本人在春、夏、秋、冬的季节，将平常四种最心爱的自然景物的代表随便排列在一起，兴许再没有比这更普遍、更一般、更平凡，也可以说是不成为歌的歌了。不过，我还想举出另一位古僧良宽所写的一首绝命歌，它也有类似的意境：

"秋叶春花野杜鹃，安留他物在人间。"

这首诗同道元的诗一样，都是把寻常的事物和普通的语言，与其说不假思索，不如说特意堆砌在一起，以表达日本的精髓，何况这又是良宽的绝命歌呢。

"浮云霞彩春光火，终日与子戏拍球。习习清风明月夜，通宵共舞惜残年。并非逃遁厌此世，只因独爱自逍遥。"

良宽的心境与生活，就像在这些歌里所反映的，住的是草庵，穿的是粗衣，漫步在田野道上，同儿童戏耍，同农夫闲聊。尽管谈的是深奥的宗教和文学，却不使用难懂的语言。那种"和颜蔼语"的无垢言行，同他的歌和书法风格，都摆脱了自江户后期，18世纪末到19世纪初的日本近代的习俗，达到古代的高雅境界。直到现代的日本，他的书法和歌仍然深受人们的敬重。他的绝命歌，反映了自己这种心情：自己没有什么可留作纪念，也不想留下什么，然而，自己死后大自然仍是美的，也许这种美的大自然，就成了自己留在人世间的唯一的纪念吧。这首歌，不仅充满了日本自古以来的传统精神，同时仿佛也可以听到良宽的宗教的心声。

"望断伊人来远处，如今相见无他思。"

良宽还写了这样一首爱情歌，也是我所喜欢的。衰老交加的68岁的良宽，偶遇29岁的年轻尼姑纯真的心，获得了崇高的爱情。这首诗，既流露了他偶遇终身伴侣的喜悦，也表现了他望眼欲穿的情人终于来到时的欢欣。"如今相见无他思"，的确是充满了纯真的朴素感情。

　　良宽74岁逝世。他出生在雪乡越后，同我的小说《雪国》所描写的是同一个地方。就是说，那里是面对内日本的北国，即现在的新潟县，寒风从西伯利亚越过日本海刮来。他的一生就是在这个国里度过的。他日益衰老，自知死期将至，而心境却清澈得像一面镜子。这位诗僧"临终的眼"，似乎仍然映现出他那首绝命歌里所描述的雪国大自然的美。我曾写过一篇随笔《临终的眼》，但在这里所用的"临终的眼"这句话，是从芥川龙之介（1892年—1927年）自杀遗书中摘录下来的。在那封遗书里，这句话特别拨动了我的心弦——"所谓生活能力"，"动物本能"，大概"会逐渐消失的吧"。

　　现今我生活的世界，是一个像冰一般透明的、又像病态一般神经质的世界……我什么时候能够毅然自杀呢？这是个疑问。唯有大自然比持这种看法的我更美，也许你会笑我，为什么热爱自然的美而又想要自杀，这样的自相矛盾。然而，所谓自然的美，是在我"临终的眼"里映现出来的。

　　1927年，芥川35岁就自杀了。我在随笔《临终的眼》中曾写道："无论怎样厌世，自杀不是开悟的办法，不管德行多高，自杀的人想要达到圣境也是遥远的。"我既不赞赏也不同情芥川，还有战后太宰治（1909年—1948年）等人的自杀行为。但是还有另一位年纪轻轻就死去的朋友，日本前卫派画家之一，也是长期以来就想自杀的。"他说再没有比死更高的艺术，还说死就是生，这些话像是他的口头禅。"（《临终的眼》）我觉得这位生于佛教寺院、由佛教学校培养出来的人，他对死的看法，同西方人对死的看法是不同的。"有牵挂的人，恐怕谁也不会想自杀吧。"由此引起我想到另一桩事，就是那位一休禅师曾两次企图自杀的事。

在这里，我之所以在"一休"前面贯以"那位"二字，是由于他作为童话里的机智和尚，为孩子们所熟悉。他那无碍奔放的古怪行为，早已成为佳话广为流传。他那种"让孩童爬到膝上，抚摸胡子，连野鸟也从一休手中啄食"的样子，真是达到了"无心"的最高境界。看上去他像一个亲切、平易近人的和尚，然而，实际上确实是一位严肃、深谋远虑的禅宗僧侣。被称为天皇御子的一休，六岁入寺院，一方面表现出天才少年诗人的才华，另一方面也为宗教和人生的根本问题所困惑而陷入苦恼。他曾疾呼："倘有神明，就来救我。倘若无神，沉我湖底，以葬鱼腹！"他正要投湖时，被人拦住了。后来有一次，由于一休所在的大德寺的一个和尚自杀，几个和尚竟被株连入狱，这时一休深感有责，于是"肩负重荷"，入山绝食，又一次决心寻死。

一休自己把那本歌集，取名《狂云集》，并以"狂云"为号，在《狂云集》及其续集里，可以读到日本中世的汉诗，特别是禅师的诗，其中有无与伦比的、令人胆战心惊的爱情诗，甚至有露骨地描写闺房秘事的艳诗。一休既吃鱼又喝酒，还接近女色，超越了禅宗的清规戒律，把自己从禁锢中解放出来，以反抗当时宗教的束缚，立志要在那因战乱而崩溃了的世道人心中恢复和确立人的本能和生命的本性。

　　一休所在的京都紫野的大德寺，至今仍是茶道的中心。他的书法也作为茶室的字幅而被人敬重。我也珍藏了两幅一休的手迹。一幅题了一行"入佛界易，进魔界难"。我颇为这句话所感动，自己也常挥笔题写这句话。它的意思可作各种解释，如要进一步往深处探讨，那恐怕就无止境了。继"入佛界易"之后又添上一句"进魔界难"，这位属于禅宗的一休打动了我的心。归根到底追求真、善、美的艺术家，对"进魔界难"的心情是：既想进入而又害怕，只好求助于神灵的保佑。这种心境有时表露出来，有时深藏在心底里，这兴许是命运的必然吧。没有"魔界"，就没有"佛界"。然而要进入"魔界"更加困难。意志薄弱的人是进不去的。

　　这是众所周知的禅宗的一句口头禅，若将佛教按"他力本愿"和"自力本愿"来划分宗派，那么主张自力的禅宗，当然会有这种激烈而又严厉的语言了。主张"他力本愿"的真宗亲鸾（1173年—1262年）也有一句话："善人尚向往生，况恶人乎。"这同一休的"佛界"、"魔界"在心灵上有相通之处，也有差异之点。那位亲鸾也说，他"没有一个弟子"。"逢祖杀祖"、"没有一个弟子"，这大概又是艺术的严酷命运吧。

　　禅宗不崇拜偶像。禅寺里虽也供佛像，但在修行场、参样的禅堂，没有佛像、佛画，也没有备经文，只是瞑目，长时间静默，纹丝不动地坐着。然后，进入无思无念的境界。灭我为无。这种"无"，不是西方的虚无，相反，是万有自在的空，是无边无涯无尽藏的心灵宙。当然，禅也要由师指导，和师问答，以得启发，并学习禅的经典。但是，参禅人始终必须是自己，开悟也必须是靠独自的力量。而且，直观要比伦理重要。内在的开悟，要比外界的教更重要。真理"不立文字"而在"言外"。达到维摩居士的"默如雷"的境地，大概就是开悟的最高境界了吧。中国禅宗的始祖达摩大师，据说他曾"面壁九年"，即面对洞窟的岩壁，连续坐禅九年，沉思默想的结果，终于达到了开悟的境界。禅宗的坐禅就是从达摩的坐禅开始的。

"问则答言不则体，达摩心中万般有。"

一休还吟咏了另一首道歌：

"若问心灵为何物，恰如墨画松涛声。"

这首歌，也可以说是洋溢着东洋画的精神。东洋画的空间、空白、省笔也许就是一休所说的墨画的心境吧。这正是"能画一枝风有声"（金冬心1687年—1763年，中国清代书画家和诗人）。

道元禅师也曾有过"虽未见，闻竹声而悟道，赏桃花以明心"这样的话。日本花道的插花名家池坊专应也曾"口传"："仅以点滴之水，飓尺之树，表现江山万里景象，瞬息呈现千变万化之佳兴。正所谓仙家妙术也。"日本的庭园也是象征大自然的。西方庭园多半是造成匀整的，日本庭园大体上是造成不匀整的。或许正是因为不匀整要比匀整更能象征丰富、宽广的境界吧。当然，这不匀整是由日本人纤细而又微妙的感情来保持均衡的。再没有比日本庭园那种复杂、多趣、细致而又繁难的造园法更微妙的了。所谓"枯山水"的造园法，就是仅仅用岩石砌垒的方法，来表现现场没有的山河的美景以及大海的激浪。这种造园法达到登峰造极时就演变成日本的盆景、盆石了。所谓山水这个词，指的是山和水，即自然的景色，山水画，也就是风景画。从庭园等的意义，又引申出"古雅幽静"或"闲寂简朴"的情趣。但是崇尚"和敬清寂"的茶道所敬重的"古雅、闲寂"，当然是指潜在内心里的丰富情趣，极其狭窄、简朴的茶室反而寓意无边的开阔和无限的雅致。

要使人觉得一朵花比一百朵花更美。利作也曾说过：盛开的花不能用做插花。所以，现今的日本茶道，在茶室的壁龛里，仍然只插一朵花，而且多半是含苞待放的。到了冬季，就要插冬季的花，比如插取名"白玉"或"佗助"的山茶花，就要在许多山茶花的种类中，挑选花小色洁、只有一个蓓蕾的。没有杂色的洁白，是最清高也最富有色彩的。然后，必须让这朵蓓蕾披上露水。用几滴水珠润湿它。五月间，在青瓷花瓶里插上一株牡丹花，这是茶道中最富丽的花。这株牡丹仍只有一朵白蓓蕾，而且也是让它带上露水。很多时候，不仅在蓓蕾上点上水珠，还预先用水濡湿插花用的陶瓷花瓶。

在日本陶瓷花瓶中，格调最高、价值最贵的古伊贺陶瓷（15、16世纪），用水濡湿后，就像刚苏醒似的，放出美丽的光彩。伊贺陶瓷是用高温烧成的，燃料为稻草，稻草灰和烟灰降在花瓶体上，或飘过去，随着火候下降，它就变成像釉彩一般的东西。这种工艺不是陶匠人工做成，而是在窑内自然变化烧成的，也可以称之为"窑变"，用此方式生产出各式各样的色调花纹。伊贺陶瓷那种雅素、粗犷、坚固的表面，一点上水，就会发出鲜艳的光泽，同花上的露水相互辉映。茶碗在使用之前，也先用水湿过，使它带着润泽，这成了茶道的规矩。池坊专应曾把"山野水畔自成姿"作为自己这一流派的新的插花要领。在破了的花瓶、枯萎的枝叶上都有"花"，在那里由花可以悟道。"古人均由插花而悟道"，就是受禅宗的影响，由此也唤醒了日本人的美的心灵。大概也是这种心灵，使人们在长期内战的荒芜中得以继续生活下来的原因吧。

在日本最古老的诗歌物语，包括被认为是短篇小说的《伊氏物语》里（10世纪问世），有过这样一段记载：

"有心人养奇藤于瓶中，花蔓弯垂竟长三尺六寸。"

这是在原行平接待客人时的插花故事。这种所谓花蔓弯垂三尺六寸的藤确实珍奇，甚至令人怀疑它是不是真的。不过，我觉得这种珍奇的藤花象征了平安朝的文化。藤花富有日本情调，具有女性的优雅，试想在低垂的藤蔓上开着的花儿在微风中摇曳的姿态，是多么纤细娇弱、彬彬有礼、脉脉含情啊。它又若隐若现地藏在初夏的郁绿丛中，仿佛懂得多愁善感。这花蔓长达三尺六寸，恐怕是异样的华丽吧。日本吸收了中国唐代的文化，而后很好地融会成日本的风采，大约在一千年前，就产生了灿烂的平安朝文化，形成了日本的美，正像盛开的"珍奇藤花"给人格外奇异的感觉。那个时代，产生了日本古典文学的最好的名著，在诗歌方面有最早的敕撰和歌集《古今和歌集》（905年），小说方面有《伊氏物语》、紫式部（约907年前后—1002年前后）的《源氏物语》、清少纳言（966年前后—1017年，根据资料是年尚在世）的《枕草子》等。这些作品创造了日本美的传统，影响乃至支配后来八百年间的日本文学。特别是《源氏物语》，可以说是日本最优秀的一部小说，就是到了现代，日本也还没有一部作品能和它媲美。在10世纪就能写出这样一部近代化的长篇小说，这的确是世界的奇迹，在国际上也是众所周知的。少年时期的我，虽不大懂古文，但我觉得我听读的许多平安朝的古典文学中，《源氏物语》是深深地渗透到我的内心里的。在《源氏物语》之后几百年，日本的小说都是憧憬或悉心模仿这部名著的。和歌自不消说，甚至从工艺美术到造园艺术，无不都是深受《源氏物语》的影响，不断从它那里吸取美的精神食粮。

紫式部和清少纳言，还有和泉式部（979年—不详）和赤染卫门（约957年—1333年）等著名歌人，都是侍候宫廷的女官。难怪人们一般提到平安朝文化，都认为那是宫廷文化或是女性文化。产生《源氏物语》和《枕草子》的时期，是平安朝文化最兴盛时期，也是从发展的顶峰开始转向颓废的时期，尽管在极端繁荣之后已经露出了哀愁的迹象，然而这个时期确实让人看到日本王朝文化的鼎盛。

不久，王朝衰落，政权也由公卿转到武士手里，从而进入镰仓时代（1192年—1333年），武家政治一直延续到明治元年（1868年），约达七百年之久。但是，天皇制或王朝文化也都没有灭亡，镰仓初期的敕撰和歌集《新古今和歌集》（1205年）在歌法技巧上，比起平安朝的《古今和歌集》又前进了，虽有玩弄辞藻的缺陷，但尚注重妖艳、幽玄和风韵，增加了幻觉，同近代的象征诗有相同之处。西行法师（1118年—1190年）是跨平安和镰仓这两个朝代的具有代表性的歌人。

"梦里相逢人不见，若知是梦何须醒。纵然梦里常幽会，怎比真如见一回。"

《古今和歌集》中的小野小叶町的这些和歌，虽是梦之歌，但却直率且具有它的现实性。此后经过《新古今和歌集》阶段，就变成更微妙的写实了。

"竹子枝头群雀语，满园秋色映斜阳。萧瑟秋风获叶雕，夕阳投影壁间消。"

镰仓晚期的永福门院的这些和歌，是日本纤细的哀愁的象征。讴歌"冬雪皑皑寒意加"的道元禅师或是歌颂"冬月拨云相伴随"的明惠上人，差不多都是《新古今和歌集》时代的人。明惠和西行也曾以诗歌相赠，并谈论过诗歌。

西行法师常来晤谈，说我咏的歌完全异乎寻常。虽是寄兴于花、杜鹃、月、雪，以及自然万物，但是我大多把这些耳闻目睹的东西看成是虚妄的，而且所咏的句都不是真挚的。虽然歌颂的是花，但实际上并不觉得它是花；尽管咏月，实际上也不认为它是月。只是即席尽兴去吟诵罢了。像一道彩虹悬挂在虚空，五彩缤纷，又似日光当空辉照，万丈光芒。然而，虚空本来是无光，又是无色的。就在类似虚空的心，着上种种风趣的色彩，然而却没有留下一丝痕迹。这种诗歌就是如来的真正的形体。

　　西行在这段话里，把日本或东方的"虚空"或"无"，都说得恰到好处。有的评论家说我的作品是虚无的，不过这不等于西方所说的虚无主义。我觉得这在"心灵"上，根本是不相同的，道元的四季歌命题为《本来面目》，一方面歌颂四季的美，另一方面强烈地反映了禅宗的哲理。

获奖时代背景

　　川端康成参加诺贝尔文学奖的角逐始于20世纪60年代初。1962年3月，诺贝尔文学奖评选委员哈利·马其逊访问日本期间透露："有三名日本作家被提名为候选人。"但他没有明确说明三人的名字。后来有关人士才了解到三人就是川端康成、谷崎润一郎、西胁顺三郎。而当时日本的另一位作家谷崎润一郎是1958年由美国作家赛珍珠推荐的。此后每年度川端和谷崎都被并列提名为获奖候选人。1965年谷崎润一郎去世，失去了与川端康成抗衡的机会，但日本的候选人名单上又添了三岛由纪夫的名字。一位日本学者说："自从谷崎润一郎死后，川端康成是唯一有资格在斯德哥尔摩代表日本文学的作家。"这话在一定程度上反映了川端康成在当时日本文学界的影响和地位。那年，是由日本笔会推荐川端康成为候选人的。参加那一届诺贝尔文学奖竞争的人数总共只有十三人，提供给瑞典文学院讨论的几份研究报告，对川端康成的作品极为推崇，称他"在刻画女性最细腻的气质方面有独到的才华。同时在描绘日本四季景色方面也具有非凡的才能"。1968年度获奖呼声最高的是川端康成和三岛由纪夫两人。

　　其实当时的瑞典文学院有意将该年度的诺贝尔文学奖授予一

位亚洲人，具体来说是授予一位中国作家或日本作家。在中国，呼声最高的是老舍先生。舒乙披露：1968年老舍曾获诺贝尔文学奖。中国作为文学大国，始终没有人获得诺贝尔文学奖，其原因除了政治偏见以外，还因为中国作家的作品被翻译成外文的太少，在交流上存在着技术上的难题。而老舍当时在中国作家中恰恰是作品被译介最多的，连瑞典文的也有。另外，诺贝尔文学奖评选程序也很复杂，先是由国际著名学者进行提名，被提名者可能有几百人，然后层层筛选，最后剩下5位候选人，再由评选委员秘密投票，得票最多的就是诺贝尔文学奖得主。老舍在1968年被提名，到了最后5名还有他；秘密投票结果，第一名就是老舍。

但是在1968年，中国已经进入了"文革"高峰。各国谣传老舍已经去世，瑞典就派驻华大使去寻访老舍下落，又发动其他国家进行联合调查，中国官方当时对此没有答复，瑞典方面断定老舍已经去世。由于诺贝尔奖一般不颁给已故之人，所以评选委员会最终决定在剩下的4个人中重新进行评选，条件之一，最好是一个亚洲人东方人。结果这一年的诺贝尔文学奖得主成了日本的川端康成。舒乙感慨，沉默，这个悲哀的事实是在当年庆祝川端康成获奖宴会上，由瑞典大使透露出来的。舒乙同时列举出两个证人：一个是瑞典大使馆文化参赞。另一个是已故作家萧乾的夫人文洁若。萧乾夫妇曾经到过瑞典，证实过此事。

川端康成年表

1899年6月14日，生于大阪市北区此花町1丁目49番宅邸（川端康成自写年谱为6月11日出生。本人终生以为是这天出生）。

1901年1月17日，2岁，父亲去世。

1902年1月10日，3岁，母亲辞世。

1906年，7岁，入大阪府三岛郡丰川普通小学。9月9日，祖母阿钟辞世（67岁）。

1909年，10岁，7月21日姐姐芳子因心脏停搏而死亡。他与芳子自1902年分别后，只见过一面。

1912年3月25日，13岁，小学毕业。4月，进入大阪府立茨木中学。

1913年，14岁，中学二年级，开始尝试写新体诗、短歌、俳句、作文等。他的题为《滴雨穿石》的作文尚存。

1914年，15岁，5月25日凌晨，祖父辞世（73岁）。9月，由西黑田秀太郎家收养。

1915年1月，16岁，寄宿茨木中学直至毕业。开始接触文学作品，从白桦派的作品到谷崎润一郎、上司小剑、德田秋声的作品，以及《源氏物语》、《枕草子》等，外国作家也读了陀思妥耶夫斯基、契诃夫、斯特林堡、阿尔志跋绥夫等人的作品。

1916年4月，17岁，五年级，任宿舍的室长。2月，走访《京阪新闻》社。本年陆续发表了《致H中尉》、《淡雪之夜》、《紫色的茶碗》、《月见草开花的傍晚》、《电报》、《自由主义的真义》、《来自绿叶之窗》、《献给少女》、《永久的修行者》等篇幅较短的作品。此外他还向《文章世界》、《秀才文坛》、《新潮》等杂志投稿。作了一篇追悼辞世的英语教师仓崎仁一郎的作文《肩扛恩师的灵柩》，并成功发表在大阪杂志《团栾》上。

1917年3月，18岁，从茨木中学毕业，并决心报考第一高等学校（大学预科）。3月21日，在东京，首先拜访了上村龙之助，接着寄居在表兄田中岩太郎家。3月末，拜访了新晋作家南部修太郎。7月，参加第一高等学校考试。8月，被文科乙类（英文）录取。9月，入学（第一部一年三组）。

1918年7月，19岁，一高一年级结束后，返回大阪，寄宿在蒲生的秋冈家。10月末，去伊豆旅行，与巡回艺人一行同路。写下了《汤岛的回忆》（《伊豆的舞女》的雏形）。

1919年，20岁，回大阪，寄宿秋冈家。在第一高等学校的《校友会杂志》第277号（6月刊）上，发表了《千代》。

1920年，21岁，出席表兄黑田秀太郎的婚礼。7月，从第一高等学校毕业。同月，进入东京帝国大学文学系英文学科。入学后不久返乡，寄宿秋冈家。同年秋，与今东光酒井、铃木等人策划复刊《新思潮》杂志，并拜访菊池宽。

1921年1月，22岁，在大阪度过新年。2月，《新思潮》第六次成功复刊。4月，在第二号上发表了《招魂节一景》，得到菊池宽、久米正雄、小岛正二郎、佐佐木茂索、南部修太郎等人的好评。11月6日，在菊池宽家初次单独会见横光利一，两人开始密切地交往。12月，《新潮》杂志上刊登了他的《南部氏的风格》（评《湖水之上》）。

1922年，23岁，先后迁居驹唈町（驹唈町内两次搬迁）、千驮木。受约佐佐木茂索，写了文艺月评《本月的创作界》（《时事新报》2月1日至18日）。6月，从英文学科转到国文学科。自4月至6月，写就《新晴》（以千代事件为素材）。7、8月间旅居伊豆汤岛，写了《汤岛的回忆》。

1923年2月，24岁，《新思潮》同人四人加入《文艺春秋》编辑同人。暑假在大阪度过，8月末去东京。

9月1日，关东大地震。是年，他的名字登载在首次出版发行的《文艺年鉴》上。

1924年1月，25岁，去伊豆温泉。3月，毕业于东京帝国大学国文学科。完成毕业论文《日本小说史小论》，其序章题为《日本小说史研究》，刊登在《艺术解放》3月号上。5月，由于要接受征兵检查，于5月末，去纪伊旅行。7月份，同当时的新晋作家们（石滨金作、今东光、横光利一等）商谈创刊同人杂志《文艺时代》，10月正式创刊。11月，由于"文坛诸家价值调查表"事件，今东光退出。

1925年，26岁，大部分时间在伊豆汤岛的汤本馆度过。5月，邂逅松林秀子。未能出版第一部作品集《骑驴的妻子》。

1926年1月，27岁，寄宿在东京本乡林町丰秀馆。3月曾暂住麻布宫村町，4月，迁至市谷左内町的菅忠雄家。6月，处女作《感情的装饰》由金星堂出版。夏天，他在逗子租了间房子，与石滨金作、片冈、横光利一等合住。9月，再次返回汤岛。

1927年，28岁，年初，梶井基次郎造访他。3月，金星堂出版了他的第二部作品集《伊豆的舞女》。同月，川端康成参加随笔小杂志《杂记手册》同人，由文艺春秋社创刊。4月5日，出席横光利一的结婚典礼。从汤岛把夫人接至东京，并打算定居东京。5月，《文艺时代》停刊。6月，与菊池宽、横光利一等人去福岛、秋田、山形地方做旅行讲演。8月起，《中外商业新报》连载了川端康成的新闻小说《海的火祭》，至年底连载完。12月，迁居热海小泽的鸟尾子爵别墅，至第二年春天。

1928年1月，29岁，梶井基次郎上东京途中，到热海造访川端康成并借宿。2月，梶井再次到热海的鸟尾别墅，三明永无和菅忠雄也来造访康成。"3·15"大举逮捕共产党员的第二天，收容为躲避逮捕的林房雄和村山知义。5月，迁往大森的子母泽，后来又搬到马嘧。7月，去明治大学夏季文艺班授课。

1929年4月，30岁，创刊《近代生活》，川端康成成为其同人。6月，与池谷信太郎等人去伊香保旅行。8月，与三宅安子等人去箱根，之后在镰仓写了《新人才华》（《新潮》9月号）。9月初旬，偕夫人重访伊香保。会见竹久梦二。9月17日，迁居至上野樱木町。12月，他的第二篇新闻小说《浅草红团》开始连载。10月，由第一书房创刊《文学》杂志，川端康成成为其同人。《文学时代》12月号刊登了川端秀子的文章《谈谈我的丈夫》。

1930年3月，31岁，迁居上野樱木町49番地。4月，菊池宽任文化学院文学部长，聘用川端康成为创作科讲师，直至1934年3月，同时兼任日本大学的讲师。4月底至5月，至四国岛旅行。6月，加入十三人俱乐部，并在《十三人俱乐部时报》上发表《暗自尽心》。

1931年4月，32岁，迁居上野樱木町36番地。8月，去草津、轻井泽旅行。12月2日，与秀子提出婚姻报告，5月入了户籍。同年，认识了古贺春江。

1932年3月，33岁，伊藤初代前来访。3月24日，梶井基次郎去世。

1933年2月，34岁，《伊豆的舞女》拍成电影，这是最早的一次。是年，他写了《禽兽》。7、8月间，在上总兴津（千叶夷隅郡兴津町）度过。10月，加入由文化公论社创刊《文学界》同人。9月10日，古贺春江逝世，事后写了《临终的眼》。12月21日，参加池谷信三郎的葬礼。

1934年1月，35岁，成为文艺恳谈会二十名会员作家中的一员。同月，在《福冈日日新闻》上连载短篇小说《正月的旅愁》。4月底，去热川温泉、峰温泉。5月，去奥利根的汤桧曾温泉。6月，转至大室温泉，6月13日，工作间歇时，从水上站初次去汤泽。9月起，开始连载《浅草红团》续篇《浅草节》。12月，去汤泽。开始写《雪国》。

1935年1月，36岁，担任由文艺春秋社创设的芥川奖、直木奖的评选委员，《雪国》开始分期连载。2月底至3月，因病住进前田外科医院。6月至8月初转至庆应医院。9月30日，赴汤泽收集《雪国》续篇的素材。11月底去汤河原工作。12月5日，迁居镰仓町净明寺宅间谷，此后终生住在镰仓。

1936年1月，37岁，成为《文艺恳话会》同人。1月25日，为了搜集《花之湖》的创作素材前往伊东温泉去观看一碧湖。6月22日，参加南部修太郎的葬礼。8月初旬，在水上温泉工作。11月，担任"池谷信三郎奖"评选委员。12月，担任镰仓笔会会员。

1937年5月，38岁，迁居镰仓市二阶堂325号。6月，创元社出版了他的第一部单行本《雪国》。7月，《雪国》获得第三届文艺恳谈会奖。9月，买了一幢别墅，10月，乔迁新别墅。12月5日清晨，北条民雄辞世。

1938年3月，39岁，日本文学振兴大会召开，设立"菊池宽奖"。自4月底至5月去户隐旅行并执笔写《牧歌》。

1939年，40岁，自1月起开始为《新女苑》选评应征读者的短篇作品。6月15日，召开日本文学振兴会理事会，他当选为菊池宽奖评选委员。冈本鹿子于2月18日去世，24日报纸发表死讯，当日前往东京吊唁。5月，与大宅壮一等二十人，成立了少年文学恳谈会。本年度他给社会输送了诸如丰田正子、山川弥千枝等人才。

1940年3月，41岁，与横光利一、片冈铁兵一起前往东海道旅行。6月，收集《我的浅草地图》素材。6月至7月，收集《旅行的诱惑》素材。10月，成为日本文学会二十一名发起人之一。

1941年，42岁，受《满洲日日新闻》的邀请前往伪满洲国，4月2日，从神户出发，4日抵达长春。先后辗转到吉林、沈阳、哈尔滨、承德、北京、天津、大连等地，5月16日，回到神户。9月，受关东军的邀请，再度次前往伪满洲国。9月6日，从神户出发，10日抵达大连。在得到临近爆发战争的情报的熟人关照下，由于提前得知战事扩大，于11月30日回到了神户。

1942年4月至5月，43岁，为了写《名人》（《八云》）及其他作品而前往京都。7月9日，营忠雄在仙台去世。

1943年5月3日，44岁，收政子为养女，并入了户口。4月下旬，为了在《满洲日日新闻》上连载的《东海道》，前往京都搜集素材。8月22日，岛崎藤村去世。11月18日，秋声逝世。12月26日，出席表千家招待文学者的茶会。

1944年6月，45岁，日本文学振兴会设立"战记文学奖"，他作为遴选者。12月25日，片冈铁兵在和歌山县田边市逝世。

1945年4月24日，46岁，与山冈庄八等人，前往鹿儿岛县鹿屋的海军航空队特工基地采访。5月1日，八幡街开了一家出租书屋——镰仓文库。川端康成得知后，协助做文库的工作。8月15日，在家里，全家人一起听了天皇亲自作的"8·15"无条件投降的广播。9月1日，镰仓文库开始作为出版社进行经营，他成为董事之一。

1946年1月，47岁，向《人间》杂志推荐三岛由纪夫的《香烟》，并于6月号刊载了《香烟》。10月2日，迁居镰仓长谷264号，终生居住在这里。

1947年2月12日，48岁，出席笔会的重建大会。10月，发表《续雪国》，算是标志着《雪国》创作的完成，时间跨度长达十三年。12月30日，见横光利一最后一面。

1948年1月3日，49岁，在横光利一遗体告别仪式上致悼词。3月6日，菊池宽逝世。5月31日的笔会大会上，志贺直哉会长辞职，6月23日接替志贺直哉任笔会会长。11月12日，旁听了东京审判。12月，定稿本《雪国》发行。

1949年4月，50岁，"芥川奖"恢复。7月，创立"横光利一奖"，担任两个奖项的评委。5月，开始开始撰写并分期连载《千只鹤》。8月开始连载《山音》。

1950年4月，51岁，与23名笔会会员赴广岛、长崎视察。在广岛举办的"世界和平与文艺讲演会"上，宣读了"和平宣言"。8月，为筹集派遣代表参加爱丁堡的笔会世界大会所需经费，他写了呼吁募捐的文章。12月，开始在《朝日新闻》上连载《舞姬》。是年，经营了多年的镰仓文库倒闭。发表了《天授之子》（2-3月）、《虹》（3月至翌年4月）、《舞姬》（12月至翌年3月）等。

1951年8月，52岁，《舞姬》由新藤兼人改编，拍成电影（山村聪、高峰三枝子等主演）。是年5月，发表了《玉响》、《关于〈浅草红团〉》等。

1952年1月，53岁，《浅草红团》由成泽昌茂改编拍成电影。2月，获1951年度艺术院奖。12月，《千只鹤》由新藤兼人改编拍成电影。10月，赴近畿参加文艺春秋30周年纪念讲演会。是年，1月至第二年5月发表了《日兮月兮》，4月发表《新文章论》等。

1953年，54岁，是年，《山音》由水木洋子拍成电影。9月，《浅草故事》由岛耕二导演兼改编拍成电影。11月、与永井荷风、小川未明被选为艺术院会员。担任复办的野间文艺奖的评选委员。是年，发表了《河边小镇的故事》（1-12月）、《水月》（11月）、《吴清源谈棋》（8-12月）等。

1954年1月，55岁，开始连载《湖》。3月，《伊豆的舞女》由伏见晃改编，第二次拍成电影。担任"岸日演剧奖"和新潮文学奖的评选委员。4月，《山音》出版，并于12月获第7届野间文学奖。9月，赴米子、松江参加文艺春秋讲演会。同月，《母亲的初恋》由八田尚之改编拍成电影。是年，发表了《湖》（1月-12月）、《东京人》（5月-翌年10月）、《离合》（8月）等。

1955年1月，56岁，《河边小镇的故事》由衣笠贞之助导演并改编拍成电影。1月，爱德华·塞登斯特卡节译的《伊豆的舞女》，刊登在《大西洋月刊》日本特辑号上。11月，在东宝剧场举办的"文艺春秋500号纪念会"上作了讲演。是年，发表了《青春追忆》（1月-1957年1月）、《彩虹几度》（1月）等。

1956年2月，57岁，《彩虹几度》由八住利雄改编拍成电影。4月，《东京人》由田中澄江改编拍成电影。是年起，以赛登斯特卡翻译的《雪国》、八代佐地子翻译的《千只鹤》在美、德出版为契机，他的作品在海外的翻译出版逐年增多。是年，《生为女人》（3月-11月）发表。

1957年3月，58岁，与松冈洋子赴欧洲出席国际笔会执行委员会，会后访问了欧亚各国，邀请代表出席东京大会，5月回国。4月，《雪国》由八住利雄改编拍成电影。9月，主持第29届国际笔会东京大会。发表了《风中的路》（1-4月）、《东西方文化的桥梁》（1月）等。

1958年1月，59岁，《生为女人》由田中澄江改编拍成电影。2月，任国际笔会副会长。3月，由于对"国际笔会大会在日本召开做出了努力和成绩"，获战后复办的第六届菊池宽奖。6月，去冲绳旅行。11月，因患胆结石，住进东大医院木本分院外科，翌年4月出院。是年，发表了《弓浦市》（1月）等。

1959年5月，60岁，在法兰克福的第30届国际笔会大会上获歌德奖章。9月，《风中的路》由矢代静一改编拍成电影。11月起出版《川端康成全集》。是年，在他长期的作家生活中，第一次没有发表任何一篇小说。

1960年5月，61岁，《伊豆的舞女》由田中澄江改编第三次拍成电影。5月，应美国国务院的邀请访美。7月，作为特邀代表出席巴西圣保罗主办的第31届国际笔会大会，8月归国。获法国政府授予的艺术文化军官级勋章。是年，发表了《睡美人》（1月至翌年11月）等。

1961年，62岁，为搜集材料和执笔写作《古都》、《美丽与悲哀》，暂住京都。5月，去新潟、佐渡旅行。11月，获第21届文化勋章。是年，发表了《美丽与悲哀》（1月至1963年10月）、《古都》（10月至翌年1月）等。

1962年10月，63岁，他继下中弥三郎之后，参加了呼吁世界和平七人委员会。11月，《睡美人》获第16届每日出版文化奖。是年，发表了《落花流水》（10月至1964年4月）以及《秋雨》等掌篇小说。

1963年4月，64岁，担任财团法人日本近代文学馆监事，还担任近代文学博物馆委员长。他与大佛次郎、久松潜一共同监修10月举办的近代文学史展。1月，《古都》由权藤利英改编，将拍成电影。6月，《伊豆的舞女》由三木克己改编第四次拍成电影。是年，发表了《一只胳膊》（8月至翌年1月），《喜鹊》等掌篇小说。

1964年6月，65岁，他作为特邀代表，出席了在奥斯陆召开的第32届国际笔会大会。归途历访欧洲各国，8月归国。6月，开始断断续续连载《蒲公英》。是年，发表了《蒲公英》、《久违的人》等掌篇小说。

1965年4月，66岁，日本广播协会根据他的《玉响》改编成同名的电视连续剧，并开始播出。10月，他辞去日本笔会会长的职务。《美丽与悲哀》、《雪国》分别由松竹拍成电影。是年，发表了《玉响》等。

1966年1月至3月，67岁，因患肝炎住进东大医院。4月，日本笔会总会为了表彰他多年的功绩，赠予他一尊由高田博厚制作的胸像。8月，《湖》由石堂淑郎改编拍成电影《女人的湖》。

1967年，68岁，《伊豆的舞女》由井手俊郎改编第五次拍成电影。4月，担任新开馆的日本近代文学馆名誉顾问。7月，养女麻纱子与香男里结婚，入户籍。8月，任日本万国博览会政府出展恳谈会委员。是年，发表了《一草一花》（5月至1969年1月）等。

1968年2月，69岁，在《关于非核武装向国会议员们的请愿书》上签名。6月，参加了日本文化会议。7月，担任今东光竞选参议院议员的选举事务局长。10月17日，作为日本人第一个获诺贝尔文学奖。11月，笔会主办获奖纪念祝贺会。12月10日，出席斯德哥尔摩的授奖仪式，12日，在瑞典科学院作纪念讲演《我在美丽的日本》。是年，辞去艺术院第二部长职务，又被授予故乡茨木市的名誉市民称号。1月，《睡美人》由新藤兼人改编，拍成电影。是年，发表了《我在美丽的日本》（12月）等。

1969年1月27日，70岁，接受了众参两院的祝贺决议。1月29日，第一个孙女诞生。3月，赴夏威夷大学作日本文学的特别讲授。4月，旅行期间，与索尔仁尼琴一起被选为美国艺术文艺学会的名誉会员。5月，在夏威夷大学作《美的存在与发现》的特别讲演。6月，被赠予夏威夷大学名誉文学博士称号。同月回国，被授予镰仓市名誉市民的称号。9月，作为文化使节，出席"移民百年纪念旧金山日本周"，并作了《日本文学之美》的特别讲演。是年，《日兮月兮》由广濑襄改编拍成电影。

1970年5月，71岁，设立了"川端文学研究会"。6月，出席在台北举办的亚洲作家会议并作了讲演。接着6月29日至7月3日，作为特邀代表出席了在京城召开的第38届国际笔会大会，并致了祝词。7月，汉阳大学赠予他名誉文学博士称号，他还作了《以文会友》的纪念讲演。是年，发表了《长发》（4月）、《竹声桃花》（12月）等。

1971年4月16日，72岁，诺贝尔财团专务理事访问日本，他陪同该专务理事访问京都。5月，举办了"川端康成个人图书展"。9月，在世界和平七人委员会发表的《恢复日中邦交呼吁书》上签名。12月，在《反对第四次防卫计划的声明》上签名。10月9日，第二个孙子诞生。12月，任日本近代文学馆名誉馆长。

1972年1月，73岁，出席文艺春秋创立50周年举办的新年社员见面会，并作了讲演，以《但愿是新人》为题发表在《诸君》上。18日，出席了呼吁和平七人委员会会议。3月8日患盲肠炎入院做手术，17日出院。4月16日夜，在逗子的玛丽娜公寓含煤气管自杀身亡。

获奖当年世界大事记

（1968年）

1月18日，世界重量级拳击冠军穆罕默德·阿里因拒绝应征去越南作战而被禁止参加职业拳击比赛，并被剥夺冠军称号。这一天，他的上诉被法院驳回。

1月30日，越南民族解放阵线发起"春节攻势"。这是越战中最重要的转折点之一，不仅证明战争并不会像美国政府所宣称的那样很快结束，还转变了公众态度，让更多的人投入到反战中。

2月8日，奥斯卡影帝查尔斯·赫斯顿在好莱坞科幻电影《人猿星球》中与猿猴亲吻。

2月14日，29岁的美国诗人、心理学家约瑟夫·贝克宣布"伦敦反大学"运动开始，以"抗击教育界知识的破产和精神的虚无"。

2月15日，警察与举着旗帜向法国实验影院进发的游行示威者发生冲突，其中包括琼·卢克·戈达德等著名演员。游行的原因是诺贝尔文学奖的得主、当时的法国文化部长安德烈·马尔罗将保护了大量电影拷贝的法国电影资料馆创办人亨利·朗格卢瓦撤职。

2月18日，披头士飞到印度开始修行印度宗教。

3月22日，法国巴黎农泰尔学院的学生占领行政办公楼，抗议当局逮捕参加反战行动的学生。

3月31日，美国总统林登·约翰逊宣布："我将不寻求也不会接受我党对我作为你们新一任总统的提名"，不再寻求连任。

4月1日，倡导非暴力的黑人民权领袖马丁·路德·金被种族主义分子暗杀，美国因此陷入动乱中。

4月24日，爵士小号大师路易斯·阿姆斯壮（Louis Armstrong）的《What a Wonderful World》成为英国专辑榜冠军，并持续了近一个月。

5月10日，巴黎拉丁区出现第一批街垒。

5月10日，《2001：太空漫游》首次在英国上映。

5月13日，美国和越南在巴黎开始了正式和谈，以期结束这场战争。

6月6日，民主党的总统候选人罗伯特·肯尼迪被枪杀。

6月30日，戴高乐派在议会选举中获得压倒性胜利。

7月10日，加州大学圣地亚哥学院哲学系教授、70岁的赫伯特·马尔库塞收到"3K"党的死亡威胁。

7月17日，动画电影《黄色潜水艇》在英国首映。

8月1日，杜布契克与勃列日涅夫展开双边会谈。

9月7日，亚特兰大市的"美国小姐"选举遭到提倡女权的妇女的抵制。

10月2日，奥运会前夜，对墨西哥现状不满的抗议者在墨西哥城遭到当局镇压。

10月16日，打破男子200米世界纪录的美国黑人运动员汤米·史密斯与同是黑人的铜牌得主约翰·卡洛斯在奥运会颁奖台上举起拳头行黑人权利运动致意礼。第二天，这两位运动员被美国队开除。

10月25日，吉米·亨德里克斯发布专辑《Electric Ladyland》。

10月27日，伦敦街头爆发规模最大的反越战游行。

11月5日，理查德·尼克松当选美国总统。

11月29日，约翰·列侬与大野洋子发表《未完成的音乐第一篇：两个处子》，披头士的历史开始终结。

12月24日，美国发射的"阿波罗8号"抵达月球轨道并进入环绕月球的轨道运动，这是人类第一次环绕月球飞行。